ら始める

AI時代の新キャリアデザイン

パロアルトインサイトCEO
石角友愛

KADOKAWA

はじめに
すべてのビジネスパーソンがAIとの関わり方を考えるべき時代になっている

ＡＩを活用できるようになれば、個人としての市場価値は一気に高まる――。

そう聞いても、これまでＡＩとの接点がなかった人などは「自分には関係のない話だ」と決めつけやすいのかもしれない。だとすれば損をしている。エンジニアのように専門的な技術を持たない人でも、自分が関わり合っているビジネスとＡＩはつなげられる。それによって自分自身のキャリアデザインもできていくことをまず知ってほしい。

ＡＩを利用したシステムの開発や導入を請け負うＡＩ開発会社に対して、消費者に対する事業を展開している会社はユーザー企業と呼ばれる。

ＩＴ企業、非ＩＴ企業という分け方もできる。

ユーザー企業（非ＩＴ企業）に勤めていて、システム構築やオペレーションなどに関わっていない人たちは「文系」と括《くく》られることもある。

そういう分け方をしたとき、今の日本においては文系のビジネスパーソンが多数派になるのだろう。その誰もが例外なくＡＩとの関わり方を考えてみるべき時代になっている。

個人のキャリアデザインを考えたとき、会社を移る、専門職に就くといった選択肢もあるが、転職などを考えない道もある。

営業部、製造部門、人事部、経理部、マーケティング部など、ユーザー企業の中で自分が所属している部署において「ＡＩをうまく利用できないか？」を考えてみるのが第一歩になる。近年ではＡＩの導入をまったく検討していない企業は見つけにくいほどになっている。自分でアイデアを出して社内のＡＩ導入プロジェクトを立ち上げることができたなら、その経験と実績を自分のキャリアアップにつなげていける。

最近はそういう人たちが実際に増えている。

本書ではそうした成功例も紹介しながら、広い意味でのＡＩ人材について考察していきたい。

ＡＩに関わる市場は大きく動いている。

世界では現在、70万人のＡＩ人材が不足しているといわれる。[1]

経産省の発表によれば、２０３０年には国内でＡＩ人材の需要が24・３万人になるとされている（２０１９年４月発表）[2]。２０１８年時点で、国内で１・１万人だったＡＩ人材は２０３０年には12万人まで増えることが見込まれている。それでもなお12万人以上足りない計算になる。圧倒的な売り手市場になっていくのは疑いない。

グラスドア（Glassdoor）というアメリカの求人系企業の調査によれば、給与面などから見た**ベストジョブランキングの３位がデータサイエンティスト**になっている[3]。データサイエンティストとはＡＩの開発現場で重要な役割を担う専門職の１つだ。

中途採用市場も成長している。

アメリカでは他の業種の仕事に就いていながら、データサイエンティストに転身しようと考えて、必要なスキルを学ぼうとする人が増えている。そのための専門教育機関を修了すれば、好条件での再就職先を見つけやすい。

アメリカのデータサイエンティストの中には独学、あるいはＭＯＯＣ（ムーク、Massive Open Online Courses ＝大規模オンライン講座）でスキルを身につけている人がいる。大学などで専門的に学んでいなくても、ＡＩ人材になるための道は開かれるということだ。**すでに社会人になっていたとしても手遅れにはならない。**

日本はＡＩ人材の市場が活性化しているとはまだいえない。それでも、これからはかなりのスピード感でアメリカのような状況に近づいていくのは間違いない。

転職などを考えない道もある一方、転職を考える道も開けているということだ。

データビジネスの世界では、２０１８年の時点で１日に２・５クインテリオン（10の18乗）バイトのデータが生成されている。(4)

そのデータが利益を生み出す情報へと転換されていく。

実をいうと皆さんは、自分で知らないうちにあらゆるところで企業に情報を提供している。誰もが利用しているSNSやメールサービスもそうだ。フェイスブックにしても、無警戒に提示している自分のプロフィールや記事の内容、交友関係といったことがデータビジネスに活用されている。身近な友人がアップしたかわいらしい猫の写真に「いいね」をすれば、その情報も吸い上げられて広告ビジネスに転換されていく。

ユーザー数が18億人にものぼるGmailにしても、情報をグーグルに提供している前提があってこそ無料で使えているサービスである。[5][6] 私の周りでは、これまでGmailを使っていた人たちが有料のEメールに移行するようになってきた。それだけ意識が高くなってきたということだ。

データビジネスが当たり前のように生活の中に浸透してきている中にあり、何も知らないノーガードの状態でいる危険は大きい。無自覚な消費者でいれば、知らず知らず情報を搾取されていることになり、自分がデータビジネスの原材料になっているのと変わらない。

データビジネスの原材料になるか、データを駆使する側になるか――。

今は誰もがそういう分岐点に立っているという見方もできなくはない。

この本を手に取ってくださった皆さんは少なからず、データを駆使する側の人間になることも思い描いているのだろう。今現在、どういう場所（会社や部署）にいるかとは関係なく、そのための方法論を考える姿勢を持つことは大切になる。

どんな仕事に就いている人でも、AIとの関わりをまったく持たずに生きていくことは考えにくくなっている。だとすればデータとして使われる側になるより、うまくデータを使える側であるべきなのは当然といえる。


一般企業で働いているビジネスパーソン。

これから社会に出ていこうという学生。

大学の学部選択などで進むべき道に悩んでいる高校生など……。

それぞれの立場でＡＩとの関わり方を考えてみてほしい。

技術を身につけて転職することもできれば、複数の仕事を掛け持ちするポートフォリオキャリアを目指すこともできる。最初に書いたように、現在働いている会社の中でＡＩをうまく使いながらキャリアアップしていく方法もある。

本書では、ＡＩ人材としての役割や職種ごとに「どんなスキルが必要とされるか」、「どういうエクササイズをするのがいいか」についても解説していきたい。

今の知識やポジションは問われない。ＡＩをツールとしてうまく利用できたなら、これまでは想像もしていなかったようなビジョンを描けるようになっていく。

そんなキャリアデザインのためにこの本を役立ててほしいと願っている。

〝経験ゼロ〟から始めるAI時代の新キャリアデザイン　目次

第2章

今の職場や業種でキャリアアップする「ＡＩシナジスト」

第3章

AI人材に求められるスキルとエクササイズ

第4章

データサイエンティスト、AIビジネスデザイナーになる

育成が急務となっているAIビジネスデザイナー――149

第5章

ゼロからの「転向」に成功した人たち
――私はこうしてAI人材になりました

終章

非ＩＴ企業にいる人たちのキャリアデザイン

装幀　清水真理子（タイプフェイス）
構成　内池久貴

第1章

ニューノーマルとこれからのAIビジネス

コロナがつくりだした「ニューノーマル」

コロナとデジタル化の関係

新型コロナウィルスの感染拡大によって、ビジネスの世界はどのように変化したのか？

旅行業界などの減収減益は大きかった一方で、フードデリバリサービスなどコロナ禍で成長した分野もあった。そうした傾向は日本もアメリカも変わらなかった。

ビッグテックと呼ばれるデジタルネイティブカンパニーの業績も伸びている。

コロナ禍においてリモートワークが増えたことも大きかった。

リモート化＝クラウド化といえる。

社員たちがさまざまな場所で仕事をしている状況にあって、サーバーがオンプレミス

図1　NVIDIAの株価推移

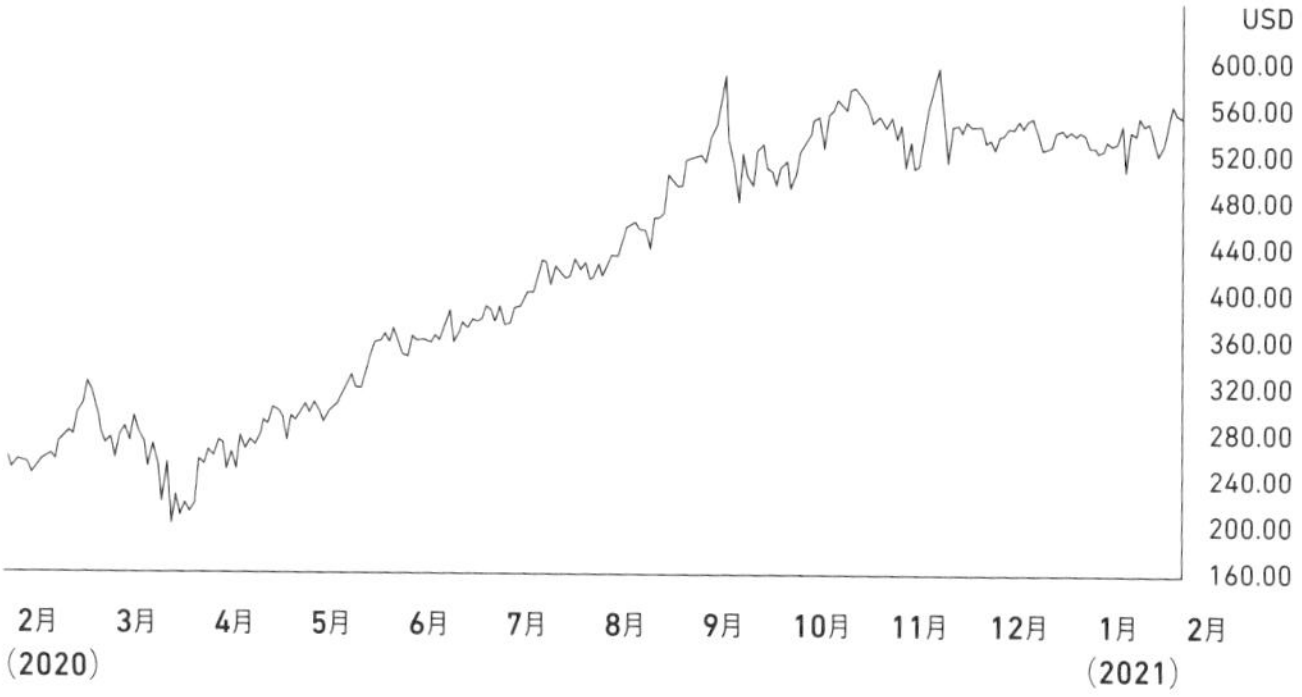

出所：TradingView　https://jp.tradingview.com/

（自社運用）だけしかないといった状況では、アクセスにも障害が出やすい。仕事で使うデータは、セキュリティのしっかりしているクラウドにあげておく必要があるので、クラウド事業は今後も好調を維持していく。例えば、ＡＩやグラフィック向けの半導体チップメーカーであるエヌビディア（ＮＶＩＤＩＡ）社はチップ事業で80％シェアだが[7]クラウド化を図る会社がコロナ禍で増えたこと、データセンターの利用者が増えたことなどが後押しして２０２０年の株価は２倍以上にアップした。

総合的に見てもビッグテックはパンデミックに強いことが証明された。

理由は大きく分けて3つある。

1つめは、インターネットやEメールをはじめ、クラウドやプロジェクト管理ツールなどはすでに生活やビジネスに欠かせないインフラになっているので、どんな状況下であっても切られにくいということ。

2つめには、ビッグテックの事業はハードウェア製造などに特化しているわけではなく、広告事業やクラウド事業、サブスクリプション事業などさまざまなサービス分野にも力を入れるなど、多様化していることがある。例えばフェイスブックやグーグルなどは広告事業から多くの利益を得ているが、広告主もさまざまな業界に及んでいるので、収益源は幅広くなっている。コロナ禍で打撃を受けた旅行業界や飲食業界などからの広告が減ったとしても、ゲーム業界やEラーニング分野が伸びている教育業界など好調な業界があれば、そこから広告費が入ってくるので売上げは落ちにくい。

3つめの理由としては、ハーバードビジネススクール教授のMarco Iansiti&Karim R. Lakhani が 著 書『Competing in the Age of AI: Strategy and Leadership when Algorithms and Networks Ran the World』で書いていたことだが、「規模の経済」、「範囲の経済」、「学習の経済」という各スコープにおいてデジタルオペレーティングモデル（デジ

タル化された会社の運営基盤）ができていることが挙げられる。(8)

規模の経済（エコノミー・オブ・スケール）とは、生産量の増加に伴ってコストが低下するため、規模が大きくなれば収益性が向上することを指す。

範囲の経済（エコノミー・オブ・スコープ）とは、複数の事業をまとめて行っていけばコストが抑えられ、ユーザーの利便性も向上させられることを指す。

学習の経済（エコノミー・オブ・ラーニング）とは、あらゆるビジネスで生まれるフィードバックを次に生かす仕組みができているということを指すのだが、この点などはまさにAIの得意分野となっている。

ハーバードビジネススクールの研究のなかでも、会社の各種オペレーションのデジタル化ができていると、成長戦略の要《かなめ》になるだけでなく、コロナ禍においては、社員の維持、公衆衛生のうえでも重要だと指摘されている。(9)

逆にいえば、コロナ禍においては**「デジタル化の変革を起こせない会社は取り残され、社員を金銭的、物理的にリスキーな状況に追い込む」**ことになるということだ。

GAFAのようなデジタルネイティブカンパニーに限らず、デジタルオペレーティングモデルを導入していくべき時代になっているということだ。

その点において業種や規模は関係ない。

このことはウィズコロナ、アフターコロナに伴う構造の変化とも結びついて不可逆的な動きになっている。

「デジタルをする（Do Digital）からデジタルになる（Become Digital）にしていかなければならない」。そういう言い方をしている人もいる。経営者はもちろん、すべてのビジネスパーソンはこうした方向でマインドセットを変えていく必要がある。

好調なＡＩ業界

新型コロナウィルスの感染拡大によって厳しい局面を迎えた企業も多かったが、これをきっかけに抜本的なＤＸ（デジタルトランスフォーメーション）を行いたいと考える会社は増えている。初期コストはかかっても、結果的にはコストを削減できるので、投資と捉《とら》えることができているのだろう。

ＤＸが進んでＡＩの需要も増加したので、関連企業の業績はおしなべて好調だ。

図２　世界の企業の AI 導入の計画と状況

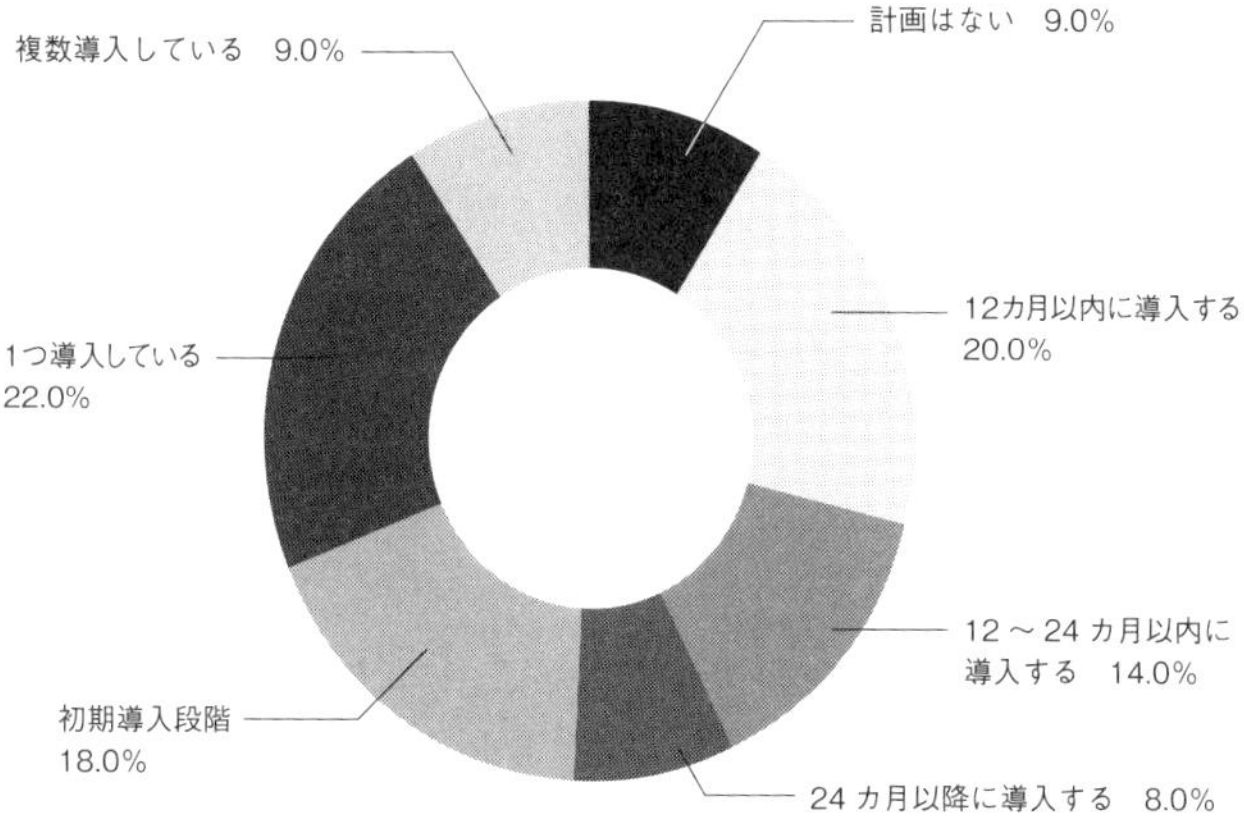

出所：Cognilytica 2020

データプラットフォーマーであるＧＡＦＡに限らず、上流工程、下流工程それぞれに勢いがある。たとえば、エヌビディア社では、画像処理装置「ＧＰＵ」関連のデータセンター事業の売上高が２０２０年10月時点では前年同期比で１６２％アップしていた[10]。

こうした現象が一時的なものに終わることはまず考えられない。ＤＸ、ＡＩ導入の波は、ＩＴ業界に限らずあらゆる業界に及んでいるからだ。

アメリカの調査会社コグニリティカ(Cognilytica) は２０２０年に企業のＡＩ導入に関する調査を行っている。

業界や地域が偏らないようにして

１５００人以上の経営幹部（意思決定者）を対象にアンケートしたところ、９割以上の回答者がすでにＡＩアプリケーションを導入している、または近い将来に導入を検討しているということだ。具体的には、「１つまたは複数導入している・初期導入段階である」が49・０％、「24カ月以内に導入する」が34・０％、「24カ月以降に導入する」が８・０％となっており、「計画はない」という回答はわずか９％に過ぎなかったのである。(11)

それと比較して、日本企業のＡＩ導入率はいまだ数字１桁《けた》という状況である。ＡＩ白書２０２０の調査によると、「今後も取り組む予定はない」という回答こそ16・４％にとどまったが、実導入率はわずか４・２％となっていた。

データは21世紀の石油

ＡＩが「21世紀のインフラ」になっているのは誰もが認めることだ。

グーグルのＣＥＯ、サンダー・ピチャイ氏は**「ＡＩは火や電気より大事なものだ」**と発言している。

アマゾンの元チーフサイエンティスト、アンドレアス・ワイガンド氏は**「データは21世**

紀の石油」という言い方をしている。

それだけ生活に欠かせないものになっているということだ。なおワイガンド氏が「石油」と表現したのは、地底から掘り出しただけでは使えず、精製しなければならないという意味が含まれていると私は理解している。

石油と変わらない価値を持つデータを生活やビジネスに生かせるように処理していくAIビジネスは、アフターコロナになってもその位置づけをますます大きくしていくのは間違いない。

先ほど述べたように、日本の企業のAI導入はアメリカに比べれば10倍ほどの差があり遅れているが、その分、アメリカ企業の失敗例、成功例から学べるというメリットもあるし、より使いやすいツールがあふれてきており、AI導入の壁も技術的な面から見れば少しずつ減ってくるだろう。

したがって、これからの伸び率は大きくなっていく。未開拓な市場だからこそさまざまな可能性にあふれている。

「フルリモート」か「ハイブリッド型」か

新型コロナウィルスの感染が拡大したことにより、日本の企業にもリモートワーク（テレワーク）が取り入れられた。ただし、最初の緊急事態宣言が解除されたあとには再び「原則出社」とする会社も増えていて、足並みが揃っているとは言いにくい。対してアメリカでは、テクノロジー業界を中心にリモートワークが定着してきた感が強い。

ツイッター社が「従業員が望めば、永続的にリモートワークを続けることを認める方針」と発表し（2020年5月12日）、フェイスブックやグーグルも同調している。アップル本社に勤める私の友人の話によると、2020年11月現在、オフィスに出勤するためには上司の許可を取らなければいけないらしい。私も先日アップル本社のアップルパークに足を運んだがほとんど人がいなかった。

以前にはリモートワークでは社員の働きぶりが悪くなるという見方をする企業もあったが、その意見には説得力がなかった。

リモートワークにすると生産効率が下がるというのは旧来的なイメージに過ぎない。成果物から評価すれば、そういう見方にはまずならない。コロナ禍の外出自粛期間中にリモートワークを取り入れた会社はそれが確認できたはずだ。リサーチ会社のガートナー（Gartner）が２０２０年４月に発表した統計によると、アメリカの３１７人のＣＦＯに行った調査で、74％もの会社が「アフターコロナでもフルリモートを何かしら維持する意向である」と回答した。

コロナ危機で経費削減のプレッシャーが押し寄せる中、リモートワークに移行したことで、大きく収益性が改善する可能性があることがわかったという示唆が挙げられている。中には、アフターコロナでも社員の20％以上をフルリモートにする意向だという会社も全体の25％近くあった[12]。

リモートワークには利点も多い。その中でも第１に挙げられるのが人材の確保だ。

通勤を考えないでいいということから、勤務地とは関係なく世界中の人材をより低コストで採用できるようになる。

たとえばカリフォルニアに本拠を置きながらも２０１４年の設立当初からフルリモート体制にしていたソフトウェア開発のギットラブ（GitLab）は、世界65カ国に１３００名の従業員を擁する規模にまで成長した[13]。２０２０年４月には日本市場への本格参入も発表している。こうした会社の技術者たちは総じて優秀といえる。

このような結果が出されてきていることもあり、**「フルリモート」に移行するか、オフィス勤務とリモートワークを合わせた「ハイブリッド型」にするかの選択が迫られている。**

どちらがいいか、という一元的な答えがあるわけではない。

たとえば規模が大きくない企業はフルリモートにするか、リモートは導入しないでおくか、どちらかにしたほうが社員のモチベーション管理がしやすいのではないかと私は考えている。少人数のなかにあってオフィス勤務の社員とリモートの社員が混在すると、摩擦などが起きやすくなるからだ。

大企業の場合は、まずハイブリッド型から始めて、割合を段階的に考えていくフェーズドアプローチにしている場合が多い。

リモートワークを取り入れていく過程は「認めない」場合を除けば4段階に分けられる。

状況に応じてリモートワークは認めるものの「標準ではない」のが初期フェーズで、日本の企業の多くはここに属する。

次のフェーズが、「ハイブリッド型」だ。

図3　リモートワーク（在宅／遠隔勤務）には段階がある

	全体	米国	英国	カナダ	豪州
オフィス勤務と遠隔勤務のハイブリッド	37%	35%	39%	40%	36%
100%遠隔勤務（各勤務地の時間帯で働く）	26%	30%	23%	23%	22%
遠隔勤務が許されているが標準ではない	25%	21%	28%	28%	34%
100%遠隔勤務（会社が定めた時間帯で働く）	12%	15%	10%	8%	8%

出所：米ギットラブ。リモートワーク方針における企業の割合（日本語訳は著者による）

さらに進んだフルリモートにも「会社が定めた時間帯で働くパターン」と「時差に応じて各勤務地の時間帯で働くパターン」という2段階がある。

ギットラブ社は、リモートワークを取り入れている会社が、この4段階で見てどのように分布しているかを調査した。それによれば、アメリカではハイブリッド型の会社が35%を占めながらも、フルリモートで「各勤務地の時間帯で働く」が30%にまで増えていた。[14] フルリモートで「会社が定めた時間帯で働く」が15%なので、両者を合わせれば、フルリモートの会社のほうがハイブリッド型より多くなる。

リモートワークは認めながらも「標準で

はない」とする初期フェーズの会社は21％にとどまる。

イギリス、カナダ、オーストラリアの調査結果も出ている。アメリカに比べればフルリモートが少なく、初期フェーズの会社がやや多くなるが、それほどの違いはない。

日本でもこれからは初期フェーズを脱して、ハイブリッド型、フルリモートにシフトしていく会社が増えていくと予想される。

実際に日本のヤフージャパンは２０２０年10月からフルリモート体制に移行することを発表した[15]。コロナ対応でリモートワークを拡大したところ、92・６％の従業員がリモート環境でもパフォーマンスへの影響がなかった、もしくは向上した、と回答しており、やはり「恒久的な制度」として取り入れられる見込みだ。

リモートワークの課題

新型コロナウィルスの感染拡大によって生まれたのが「ニューノーマル」だ。

当たり前に思われていたことが見直される社会になってきており、前提として存在していた社会規範は崩れた。それにより仕事のあり方は大きく変化した。

これまで会社の中でうまくコミュニケーションを取っていたことで、周囲から高く評価されていた人なども、今後どう見られるかはわからない。

新しい働き方の中では、評価基準として、うまくやれるかではなく成果物で判断される「生産性」が重視されることになる。

コミュニケーションに長《た》けていて優秀だと思われていた人の立場が悪くなり、社交性に欠けていると見られていた技術者が高く評価されるようなケースも出てくることだろう。

リモートワークというと日本では、データセキュリティやネット接続環境などが話題にされがちだが、アメリカでは**「社員の心理的なケアをどうするか」**、**「評価基準をいかに公平にするか」**が議論されるようになっている。リモートワークでは社員ごとの情報格差が生まれやすい、大量の仕事が回されてきてオーバーワークになりやすい、などといったことも指摘されており、そうしたストレスが心身に影響を及ぼすことが危惧《きぐ》されている。

リモートワーク用のオフィスを考える必要も出てきた。小さな子供がいる社員などは、リモートワークであっても作業用のワーキングスペースを確保する必要がある。

この対応は、日本の企業も進めているようだ。これまでは都心のシェアオフィスを使うケースが多かったが、これからは自宅から移動しやすいような住宅街のワーキングスペースが増えていくと予想される。

社会の二階層化

リモートワークへの対応が進めば、働き手側が自分のライフスタイルに合わせて勤務先を選択できるようになっていく。

そうなれば**「社会の二階層化」が進んでいく**ことも予測される。

フルリモートで働く層と、そうではない層だ。

ＩＴ企業の社員、またメーカーや商社といった企業でもＡＩ分野を担当するデータサイエンティストなどはフルリモートになっていく。

弁護士などといった専門職も、依頼者と対面で会う機会は減り、インターネットを多用したフルリモートに近づいていくと予想される。

一方で、スーパーや飲食店などの接客業務、あるいは工場で製作に携わる人などは物理的に仕事と職場を切り離せない。

そこで二極化していくわけである。

私がCEOを務めるパロアルトインサイトでは、日本の大学の大学院に在籍している研究者から、大学院を出たあとには「地方の山間部で暮らしながら研究を続けたい」という相談を受けたこともある。地方に住みながら月に1、2度、東京に出ていくような生活スタイルをとりたいというのである。それはそれで構わないと思ったので、AIリサーチャーとして弊社に所属してもらうことにした。AIリサーチャーとは最先端のAIシステムの調査や研究を行う役割を担う人材である。

これからはそういうスタイルのリモートワークも認められやすくなる。ただし、誰でもそうかといえば、もちろんそうはいかない。**自分のワークスタイルを認めさせるだけの価値がその人にあってこそのことになる。** AIに関する知識や技術を身につけることがその価値につながりやすいのはいうまでもない。

ニューノーマルが形成されて、企業が求める人材は大きく変わってきた。

AI導入の動きが広がったのはコロナ以前のことだったが、企業のクラウド化が進んだことでＡＩ導入の動きは加速した。先日、日本の大手ＨＲテックの会社の社長と話していたときのことだが、最近の企業人事部のニーズとして、業界や職種に関係なく「基本的なＩＴの知識やＡＩの理解力」を持っている人材を求める企業が増えているらしい。背景には、ＡＩ推進室、ＤＸプロジェクトチームなどの立ち上げが増えていることも挙げられるが、企業戦略としてＡＩリテラシーを持つ人材をいろいろな部署に抱えたいと考える企業が増えているのではないかと推測する。

そのため、ＡＩを活用できる人材の価値は以前に比べてもさらに高まっている。

自分の価値が認められた場合には、住んでいる場所などを問わずに働くことができるようになる。東京に住んでいても地方に住んでいてもアメリカに住んでいても、できることは変わらないので、ある意味では全員がフェアに働けるようになっていく。

POINT

□コロナ禍でクラウド化、デジタル化は進んだ
□アフターコロナになってもリモートワークは進んでいく
□二階層化が進むなかでＡＩを活用できる人材の価値はさらに高まる

改めて知っておくべき「ＡＩビジネス」

ＡＩとは何か？　その基本を確認しておく

ここで基本に立ち返り、「ＡＩとは何か？」ということを確認しておきたい。

この本を手に取られている人はさすがに「ＡＩ＝ロボット的な何か」というイメージを持ってはいないと思うが、今なお、それに近い誤解をしている人は少なくないだろう。そういうものではないのはもちろんだ。

ＡＩ＝artificial intelligence。

日本では人工知能と訳されるが、**ＡＩは学問の一分野であり、いろいろな課題を解決するためのアプローチの総称といえる。**

非常に広義なので、アメリカのデータサイエンティストたちは、自分たちが用いている技術をＡＩとは呼ばず、マシンラーニング（機械学習）と呼ぶことも多い。

機械学習とは、コンピューターにデータを分析させて、そのデータの特徴やパターンを見出《みいだ》し、同じようなデータを分類したり、未知のデータの分析や予測もできるようにしたりする技術を指す。

厳密にいえばＡＩイコール機械学習というわけではないが、機械学習はＡＩの下位カテゴリ（部分集合）である。

ディープラーニング（深層学習）という言葉を聞いたことがある人も多いはずだ。深層学習は機械学習よりも学習の精度が上がったもので、こちらは機械学習の一部と位置づけられる。

電気や電話のような生活に不可欠なインフラにインターネットが加えられたように、**これからはＡＩが生活に不可欠なインフラになっていく。**

今現在もすでに一般の人が考えている以上に身近なところでその手法が使われている。ごく身近なところでいえば、携帯電話やパソコンに文字を打ち込む際に使われる予測変換などもそうだ。対話型のスマートスピーカーなどはＡＩスピーカーという言い方がされることもあるようにＡＩによるアシスタント機能がベースになっている。

図4　AI、マシンラーニング（機械学習）、ディープラーニング（深層学習）の関係

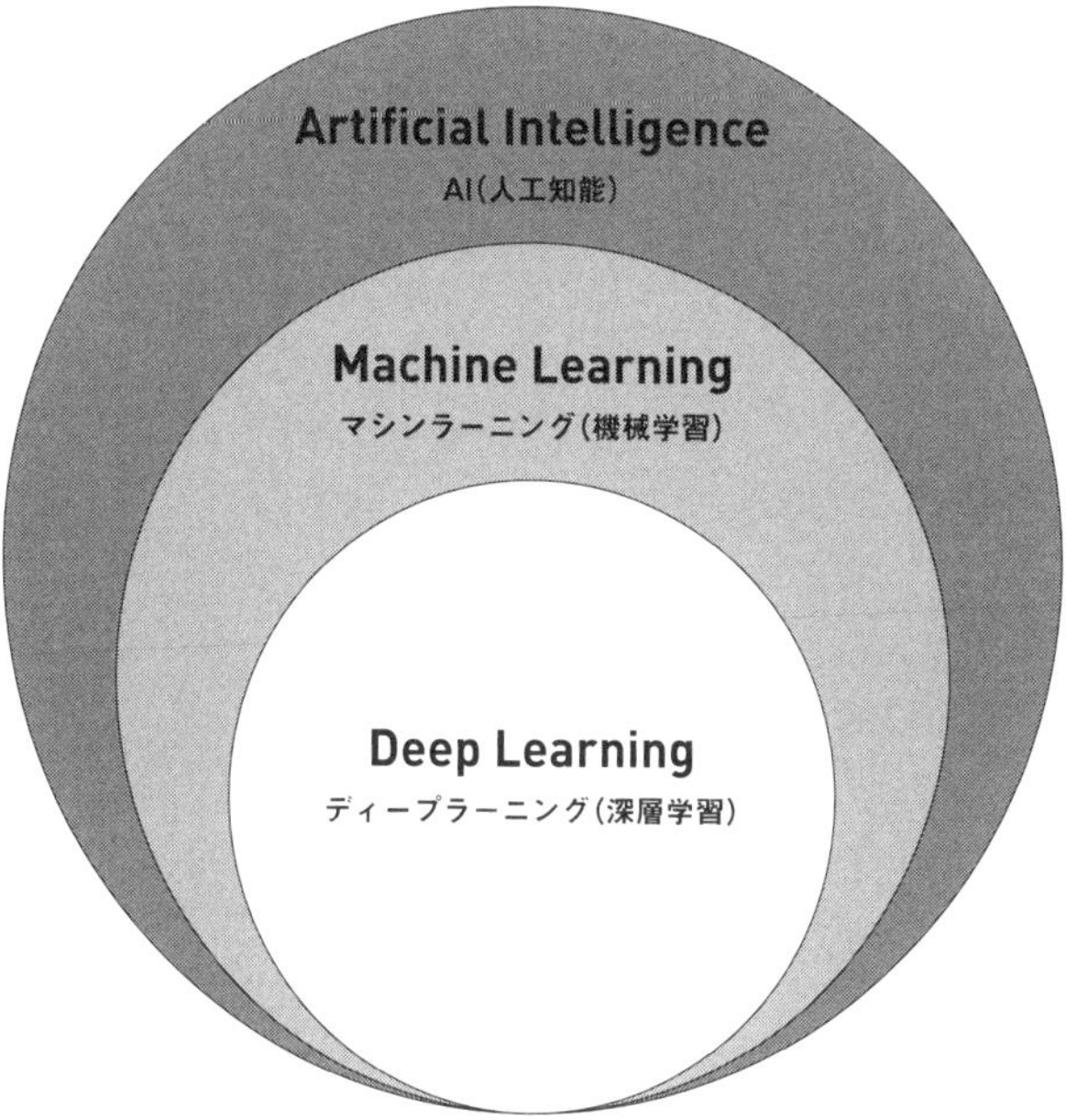

出所：https://www.quora.com/What-are-the-main-differences-between-artificial-intelligence-and-machine-learning-Is-machine-learning-a-part-of-artificial-intelligence

ゆりかごから墓場までAIが関与

最近は企業の採用活動にもＡＩが使われるようになってきた。

たとえば**「GROW」というAIアプリ**がある。このアプリが提示する質問には、応募者（就活している本人）だけでなく、応募者の友人も回答することになる。自己評価と他己評価の違いを見るなどして性格を診断するためだ。

その際には、スマホ上での指の動きなども計測される。友人などを評価するときには悩んだり躊躇《ちゅうちょ》したりするものなので、指の動きに表れる心の動きまでを読み取ることを目的にしている。瞬時に選んだ回答は信用性が低く、迷ったり選び直したりした回答は確度が高いとみなされる。

「ハイアービュー（HireVue）」というデジタル面接プラットフォームの利用も増えている。採用面接を対面で行わず、パソコンやスマホを使って録画した面接動画を企業側に送るかたちのデジタル面接で使われるツールである。このツールでは表情の動きや声のトーンなどから性格診断も行われている。

最終面接では使用しないにしても、ユニリーバなどの多様性を持つ社員を積極採用したいグローバル企業が、こうしたシステムを使って応募者を初期スクリーニングしている。

企業の側としては、できるだけ優秀な人材を採りたいと考えるのは当然のこと。門が狭いというイメージが強い一流企業などは、就活側の人間が最初からあきらめていて受けようともしない場合も多い。しかし、こうしたデジタル面接によって門戸が開かれていけば、とにかく応募はしてみようかと考える人は増えていく。

仮にこれまでは高学歴の数十人しか面接に臨まなかった企業に、学歴を問わず何百人といった応募者が集まったうえで手間をかけずに一定数まで絞れたとすれば、企業側としてはありがたい。採用する人材にも多様性が出てくるからだ。

採用面ではどの企業も課題を抱えている。コストがかかるうえに採用した人材が会社を辞めずにいるかはわからない。２００万円、３００万円といったコストをかけて採用した新卒学生に研修などを受けさせたあと、すぐに辞められてしまえば割に合わない。だからこそ、なんとかしたいと考えてＡＩシステムの導入などが検討されている。

最近では採用活動だけでなく、退職者の予測にもＡＩの技術が使われるようになってきた。「ゆりかごから墓場まで」ではないが、入社から退職までAIが関与する時代になってきている。ハイアービューに関してはつい先日（2021年1月）AIを使って採用をすることの倫理性が改めて問題視されたことを受け、ビデオ面接での顔や表情のモニタリングにAIを使用することを中止すると発表した。今後、採用領域におけるAI活用がどのように発展していくのか、倫理面からの議論がさらに活発になりそうだ。[16]

さまざまなAI導入パターン

パロアルトインサイトでもさまざまな規模、業種の会社のAI導入を手伝っている。たとえば暖房設備や空調設備の部品や部材の企画、販売を行っている宮城県のベストパーツという会社では注文の9割がファクスで入っていた。そのため、注文の仕分けや入力、在庫との照合といった作業は非常に煩雑なものになっていた。

ECサイトを作って注文をそちらに誘導すればいいのではないかと考えられるかもしれないが、顧客との関係などを考えても難しいとのことだった。そこで**ファクスを自動的に処理していくAIシステム**を作ることになったのだ。

この場合、単に手書きの文字を読み取るＯＣＲ（光学文字認識）を導入すれば済むわけではない。これまでの受注書を見ても、フォーマットらしいものはなく、書き方はとにかくバラバラになっていた。納品先が書かれていない場合もあるかと思えば、枠とは関係なく手書きでメッセージが書かれていたりもする。そういう注文書がどこの会社から届いたものかと判別してカテゴリ別に分けていく技術が求められる。

それを実現したうえでクラウド上にデータを格納していくツールを作っている。これによりずいぶん効率化を進めることができる予定だ。

「通販できるみんなのお薬」というＥＣサイトを運営しているエルクルーズ（eLcrews）社のＡＩ導入も担当した。私の前著『いまこそ知りたいＡＩビジネス』（ディスカヴァー・トゥエンティワン）などでも紹介した例である。

ＡＩを導入することで、アマゾンでの売上げと利益率をあげたいと相談されたのだ。

ユーザーがアマゾンで何かの市販薬を買おうとした際、検索すれば、Ａ社が１０００円、Ｂ社が９７０円、Ｃ社が９５０円というように結果が並ぶ。一番上に挙がれば購入してもらえる可能性が高まるのはいうまでもない。しかし、最安値を設定すれば必ず一番上になるわけではない。仮に値段を下げることで一番上になったとしても、安すぎれば利益はあげられない。

アマゾンではこの順序付けをどのように行っているかというアルゴリズムは公開していない。しかし私たちは、**確実に検索結果上位になりながら利益を最大化する最適価格を商品ごとに予測して付けていくAIモデルを開発**した。

競合会社がどういう値段をつけるかを予測しながらリアルタイムに最適価格を予測していくダイナミックプライシング・モデルである。

AI導入までに要する時間はさまざまだが、このときは最初に相談を受けてから4カ月弱で実装できている。

このAIモデルを導入したあと、エルクルーズ社の**売上げと利益は3カ月で2倍以上に**伸び、月商で1億円を超えるまでになった[17]。

最初は社員10人ほどだった会社が、社員100人を超えるまでに成長してオフィスも移転した。中小規模の会社でもこうした成功例はあるということだ。

むしろ中小企業のほうが全体を見渡しやすいということから効果的なAI導入をしやすい面もある。

こうした成果が出れば、日本経済も底上げされるので、中小企業こそ積極的にＡＩ導入してほしいところだ。

オリジナルのＡＩを作る時代

本業とは離れた分野においてＡＩを活用する例もある。

たとえば「電線御三家」の１社であり、電線事業を中心に製造を行う非鉄金属メーカーのフジクラは、ライフアシスタンスという分野にも力を入れて高齢者支援などを行っている。定期的な脳トレや身体チェック、そのためのインタビューなどを実施しており、その**ヒアリングで聞き取った言葉を自動的に議事録化していくＡＩシステム**をパロアルトインサイトと開発した[18]。

単に音声をテキスト化するだけではない。高齢者の話は、あちこちに飛んだり、同じことの繰り返しになったりしやすいので、そういうなかでも自動的にキーワードを抽出できるようにした。高齢者のインタビューを行う担当者が現場で簡単に使えるようになっている。

オープンソースで使えるものは積極的に活用し、組み合わせながら、目的や環境に応じたシステムを開発することも可能になっている。

世の中にはこれがＡＩだという「ＴＨＥ　ＡＩ」があるわけではない。シリコンバレーのある著名ベンチャーキャピタリストは、人々がＴＨＥ　ＡＩがあると思い込むことによる弊害を危惧して、あえて複数形のＡＩ'sという呼び方をするほどだ（複数形にすることでいろいろなＡＩがあるのであり、１つの固有名詞ではないことがニュアンスとして捉えられるからだ）。

いろいろなＡＩ技術があるなかで、**「自分たちのオリジナルといえるＡＩ」**を作っていくのが主流になっている。

だからこそ、今後も企業のＡＩ導入はさまざまなかたちで進んでいくはずであり、ＡＩ人材の需要はますます高まっていく。

ユーザー企業の社員にしても、ＡＩとの距離はおのずと縮まっていくことになる。

企業の視点でいえば、**コロナがもたらした厳しい状況はチャンス**だともいえる。

アメリカの巨大企業であるGEやウォルト・ディズニー・カンパニー、マイクロソフトなどは不況や恐慌の渦中で誕生している。単なる偶然とはいえない。さまざまな制約があるなかでこそイノベーションは生まれやすいからだとも考えられる。

ニューノーマルでは、優秀な人材を獲得できる可能性は高まり、クラウドも安価で使用できるようになってきた。企業としては、厳しい状況にただ耐えているのではなく、DXやAI導入といった部分に目を向けてみる意味が大きくなっている。

POINT

- □AIは学問の一分野であり、課題解決のためのアプローチの総称である
- □21世紀のインフラとなるAIはさまざまな場面で使われるようになっている
- □ユーザー企業の社員もAI導入プロジェクトに参加するケースは今後も増えていく

「ＡＩ人材」を目指す場合の２つの道

年収３０００万円以上も現実的に！

日本人の平均給与は、国税庁の調査で年間４４１万円とされている（平成30年分民間給与実態統計調査）。データサイエンティストの平均給与は調査データによっても違ってくるが、およそ７００万円前後と見られている。もちろん採用企業や本人の技術レベルによって年収は大きく変わってくる。

たとえばＮＴＴデータは、データサイエンティストやエンジニアなど、高度な専門知識や技術を習得している人材確保を目的とした「アドバンスド・プロフェッショナル制度」を２０１８年に新設した。その制度では、**優れた技術者は年収２０００万円以上で処遇し、年収３０００万円になる可能性もある、**としている。[19]

またＮＥＣは、研究職志望の新卒社員に対しては**評価実績次第では新卒年収１０００万**

円を超える給与を支給する可能性があるということを2019年に発表した[20]。
日本の企業もそれだけAI人材を必要としていて、優秀な人材の確保のためには投資が必要だと理解されだしているのがわかる。

やはり調査機関によって数字は異なるものの、アメリカではデータサイエンティストの平均年収が11万ドルを超えるとされている[21]。ニューヨークタイムズは2017年時点で**「AIスペシャリストは年収30万〜50万ドルを得ることが可能」**と報じた[22]。換算レートに幅を持たせて考えるなら3000万円から5500万円ほどになる。

実際にフェイスブックのデータサイエンティストの平均年収は、5年ほどの職務経験がある入社1年目のデータサイエンティストで28万ドル（ボーナスや株を含む）、職務経験が8年ほどで入社6年目のデータサイエンティストで49万5000ドル（ボーナスや株を含む）といわれている[23]。グーグルやアマゾン、マイクロソフトなども同水準といわれる。フルリモートが進めば、GAFAほどの水準ではないにせよ、日本に住んでいながら、そうした年収を得ることが雇用形態にこだわらなければ可能になる（こちらに関しては、年収だけではなく会社からもらうストックオプションやストックユニットの価値が非常に高いことも忘れてはならない）。

ＡＩビジネスに携わるようになれば必ず年俸が跳ね上がるのかといえば、もちろんそうとは限らない。

高収入を期待するのはいいとしても、収入だけにこだわるのではなく、さまざまな観点から考えてみることが大切だ。そのうえで気持ちがブレないのであれば、迷わず目指してみればいいのではないかと思う。実際に、パロアルトインサイトに応募してくる日本在住の方の多くがＩＴ出身者ではない。保険会社で営業一筋でやってきた人や、金融業界出身の人などさまざまな人がＡＩ人材への転換を試みている。ＡＩにより自分がやってきた仕事がここ数年変わってきていること、将来を見据えるとＡＩ導入によってワークフローが変革することが予想されることなどを理由に挙げる人が多い。このような人たちは、後述するＡＩビジネスデザイナーとしてエンジニアやＵＸデザイナーと協業し、クライアント企業とコミュニケーションを取る貴重な人材になる可能性がある。

現在の会社や部署でも「ＡＩ人材」になれる！

今いる会社や職種を変えるつもりがない人は**「自分の仕事をAIと結びつけられないか」**を考えてみるのが有効だ。

本書では、むしろこの点について重視したいと考えている。

業種や職種は問わず、AIを導入することによって会社の収益を増加させたり効率化を果たせたりするケースは多い。

会社を移ったり、データサイエンティストに転身したりしなくても、社内においてそういうプロジェクトを動かしていく立場になることはできる。

AI開発を行う立場の私などは、そういう人たちと仕事をすることが多い。その人たちが、会社の中でポジションを上げていく様子も目の当たりにしている。再教育を受けて転身するパターンだけがキャリアデザインのすべてではないということだ。

AIを導入するかどうかという選択において、その会社のデジタル基盤が強いか弱いかはほとんど関係ない。

AIは「21世紀のエクセル」ともいわれている。エクセルを使うのと同じくらい当たり前のように誰もがAIを使うようになっていくということだ。

コンサルタント最大手のマッキンゼー・アンド・カンパニーでは、業種別にＡＩを導入している部門を調査している（２０１８年）。

たとえば通信会社ではサービスオペレーションに75％、小売業ではマーケティングで52％、サプライチェーンマネジメントで38％にＡＩが導入されていた。[24]

各業界でまずＡＩを導入しようとするのは競合優位性がつけられやすいファンクションであるのがわかる。

ＡＩを導入した価値があったか、という質問に対しては「大きな価値があった」が41％で、「一定（中程度）の価値があった」が37％。合わせれば80％に近い。「マイナスだった」という回答は１％に過ぎなかった。

ＡＩ導入によってどの程度のプラスがあったかという認識は、戦略的、技術的な部分にも左右される。うまくやらなければ成功するとは限らないということだ。それを考えてみたなら、「価値があった」という回答がこれだけの比率を占めている点は見逃せない。

調査結果を細かく見ていけばＡＩを導入する際の課題となる部分も見つかるが、今後もあらゆる業界のあらゆる分野がＡＩと結びついていくことは確かだ。

２０１９年末の調査結果では、調査した12業種のほとんどで**前年よりＡＩ導入が進んでいる**ことも**わかった**[25]。

これからはどういう業界でどのような職種に就いていても「自分たちの仕事にＡＩは関係ない」と言える人はいなくなっていく。

エクセルが使えないのではどこの職場でも困るようにＡＩの知識がまったくないというのでは取り残されるということだ。

新たにＡＩを導入することになったとすれば、最良の選択をしなければならない。

ツールＡにするのかツールＢにするのかツールＣにするのか？

あるいは自分たちで新たなオリジナルを作るのがいいのか？

既存のツールとオリジナルを組み合わせるのがいいのか？

そういう具体的な議論ができる人間は、業種を問わず必要とされる。

ＡＩの導入は、単純にカタログを見て購入する商品を選ぶようなことではないからだ。

ユーザー企業がＡＩ開発会社と組むにしても、「どういうデータを提供することによって何を実現したいのか」を明確にして、そこから有効なツール（システム）を作り上げていくことになる。

ツールを導入すればそこで終わりになるわけでもない。

効果を検証して、それに応じた展開を考えていく。

そうして共同作業が行われていくのだから、ユーザー企業側の担当者が果たすべき役割は大きい。そこで個人としての価値を発揮できれば、個人としてのキャリアアップにつなげていける。

POINT

- □日本の企業もAI人材を必要としており、条件面などを見直している
- □AIに関わる仕事がしたいと考える場合、「データサイエンティストなどに転身する道」と「今いる場所（今の会社の所属部署）においていかにAIを活用するかを考える道」の2つがある
- □データサイエンティストなどに転身しなくても、AIプロジェクトは動かしていける

これからの時代の現実的なキャリアデザイン

キャリアデザインのトリレンマ

個人が仕事を選択する際には**「どの地域に住むか」**、**「どの業界で働くか」**、**「どの職種につくか」**を考えるのがこれまでの基本になっていた。

2つの選択肢のあいだで板挟み状態になることをジレンマ（dilemma）というのに対して、選択肢が3つになるとトリレンマ（trilemma）という。

「3つの希望をすべてかなえるのは難しいので、2つに絞り込むのがいい」ということはハーバードビジネススクールでも教えられている。

日本の高校を中退して渡米した私は、アメリカの高校、大学を卒業したあと、日本で起業したが、再びアメリカに渡ってハーバードビジネススクールに入った。在学中に結婚、出産したので、1児の母として就職活動を行うことになっていた。ＭＢＡは取得していたものの、簡単に就職先は見つからなかった。

私の場合は「シリコンバレーのＩＴ企業で働きたい」というように地域（場所）と業界で絞り込み、職種は問わないスタンスだった。実際にオペレーションマネージャー、営業、カスタマーサポート、マーケティングなど、手あたり次第に受験していった。

どんな職種にも対応できるようにしたいという考えもあってＭＢＡを取得していたので迷いはなかった。その結果、グーグル本社に採用され、シニアストラテジストとしてＡＩプロジェクトに携わることになった。私が担当していたことは、機械学習で欠かせないデータのラベル付け作業を行うチームの管理、オペレーションの設計、学習用データセットの作成を拡張性が高いかたちで行うプロセスの提案などだった。あとで解説するＡＩビジネスデザイナーにも近いといえる。

グーグルで働いたあと、シリコンバレー現地でＡＩスタートアップ2社を経て、そこで学んだ最先端の戦略やＡＩ開発を日本企業に導入したいと考えて、パロアルトインサイトを設立した。

私自身はＩＴ業界の経験がない中、シリコンバレーという場所にのみ焦点を絞って就職活動をした。そして、グーグル本社での経験を生かしてＡＩを核としたプロダクト開発の現場を学び、ＡＩビジネス領域での強みを身につけるというキャリアデザインができたと振り返れるが、今の時代はまた事情が違ってきている。すでに解説しているようにニューノーマルではリモートワークが進んでいくので、**キャリアデザインを考えるうえで「場所」が持つ意味は小さくなっている。**

すべての会社がフルリモートに移行するわけではなくても、リモートワークが広く取り入れられるようになってきたのだ。

私がグーグルで働いていた頃は「世界で一番働きたい会社」とも言われていた。本社のキャンパスには無料のカフェテリアが数十か所あるほか、美容院やジム、コインランドリーのような設備などもあり、敷地内で生活を完結させられるほどになっている。しかし、リモートワークを前提とした社員が増えていけば、そうしたオフィス環境の価値は薄れる。

それどころか、キャンパスに洗濯機や仮眠室などもあったことから「社員を会社に閉じ込めるためのタクティクスだったのではないか」という批判も近年出てきたくらいだ。最近のシリコンバレーではむしろ、社員を拘束しないで、働かせすぎないようにする方向で議論されることが増えている。

人にうらやましがられるような環境を提供するよりリモート化を進めたほうが世界中から優秀な人材を集めるために有効な手段になってきたのだ。

キャンパスの快適さなどは魅力ではなくなり、キャリアデザインのトリレンマからは「場所」が外されることになるのだろう。

世界中が「人材のマーケット」になっている

フェイスブックやグーグルが永続的にリモートワークを推進する方針を示したのも、優秀な社員を確保するためだといえる。グーグルは、リモートワークを2021年9月まで延長することを発表した。(26) ただし、社員の職種や居住地域のコロナ感染リスクによっては、割り当てられたオフィスから通勤距離内に住む必要があり、週に3日は会社に来ることを義務付けた。社員を通勤可能な範囲に居住させ、社員間のコラボレーションを促すために定期的にオフィスに通勤させるハイブリッド型モデルは、今後増えると考えられる。[27]

その一方で、シリコンバレーは物価が上がっていることもあり、ここ数年はエクソダス（集団退去）が進んでいる。「脱シリコンバレー」とも言われるようになっていたので、今後もその動きが強まっていくものと予想される。例えば、サンフランシスコに本社を持つオンラインストレージ大手のドロップボックス（Dropbox）社や、ログ解析ツール最大手のスプランク（Splunk）社などのCEOは、テキサスに新しい住居を構え、今後はテキサスを会社の中核にする計画だという報道があった。[28] サンフランシスコ市内にあるオフィスのリース更新は行わないのかもしれない。その背景には、カリフォルニア州の所得税の高さ、キャピタルゲインが所得と同じとみなされることによる高い税金などにうんざりしているテックエグゼクティブの懐事情も挙げられる。

スタートアップ向けにクレジットカードサービスを提供するブレックス（Brex）社のCEOはサンフランシスコからロサンジェルスに移住したが、これはリモートワークをしながら週末はビーチに行きたい、という理由からである。これからはそういう人がますます増えていくことだろう。

第5章で紹介する弊社のデータサイエンティスト、辻智範《つじとものり》も日本在住で、アメリカ本社に来たことは1度しかない。最近はスペインに住むエンジニアもチームに加わった。

人材面では世界中が需要と供給のマーケットになってきた。

優秀なIT人材、AI人材は、どこに住んでいようと海外の企業で働ける可能性は高くなる。「自分を高く売れる」ということでもある。

東京中心主義からマイクロシティ化へ

企業側でもベースとなるオフィスを持たなくする動きが出ている。

ニューノーマルにおけるキャリアデザインのトリレンマからは場所が外れるだけでなく、「ライフスタイル」が優先される傾向が強まっていくものと考えられる。

日本でもすでにこうした動きは出てきている。地方に家を購入して、過ごしやすい環境の中で、その自宅から仕事をしている人などもいる。こうしたライフスタイルが珍しいものではなくなっていくのは間違いない。

「東京に住んでシリコンバレーの会社で働く」

「地方に住んで東京で働く」

こうした人たちは今後は確実に増えていくはずだ。


東京でなければ仕事が見つからないといった考え方はすでに過去のものになっている。

これから日本の「東京中心主義」も変化していくものと予想される。

最近では、人材派遣大手のパソナグループが主な本社機能を東京から兵庫県の淡路島《あわじしま》に移していくと発表したことが注目を集めた。このことにしても、コロナ禍の影響で社員の3～4割がリモートワークとなっていたのが決断の決め手になったようだ(29)。

この例に限らず、企業も人も東京にこだわる理由はなくなるだろう。

どこにいても情報を得られ、データは活用できるのだから、都心部と地方の情報格差は小さくなり平坦化《へいたん》していくはずだ。

職種を問わずリモートワークが可能になるなら、家賃が高くて、決して住みやすいとはいえない都心に暮らすより、地方あるいは環境のいい郊外などに住みたいと考える人が増えていくのは自然なことだ。
1、2時間かければ東京に出られるくらいの地域で、子供を育てるにも環境が良く、車で動けば海や山などにもすぐに出られるような場所なら理想的だ。実家や実家の近くで暮らす人が増えれば仕事と育児の両立がより実現しやすくなり、出生率が高くなる可能性もある。

東京郊外、大阪郊外などに住む人が増えるだけでなく、Uターン、Iターンを選択する人も増えていくだろう。

こうした現象を私はマイクロシティ化と呼んでいる。

企業側がフルリモートを受け入れるためにはセキュリティ管理をどうするかといった課題が出てくるが、それに伴うリスクより、それをやるメリットのほうがはるかに大きいと考えられる。

キャリアデザインと自分が進むべき道

これまで「職種」、「業界」、「場所」で構成されていたキャリアデザインのトリレンマが、**アフターコロナには「職種」、「業界」、「ライフスタイル」で構成されることになる。**

そのなかでもどの部分を大事にしたいかによって進むべき道、学ぶべきことは変わって

図5　キャリアデザインのトリレンマ

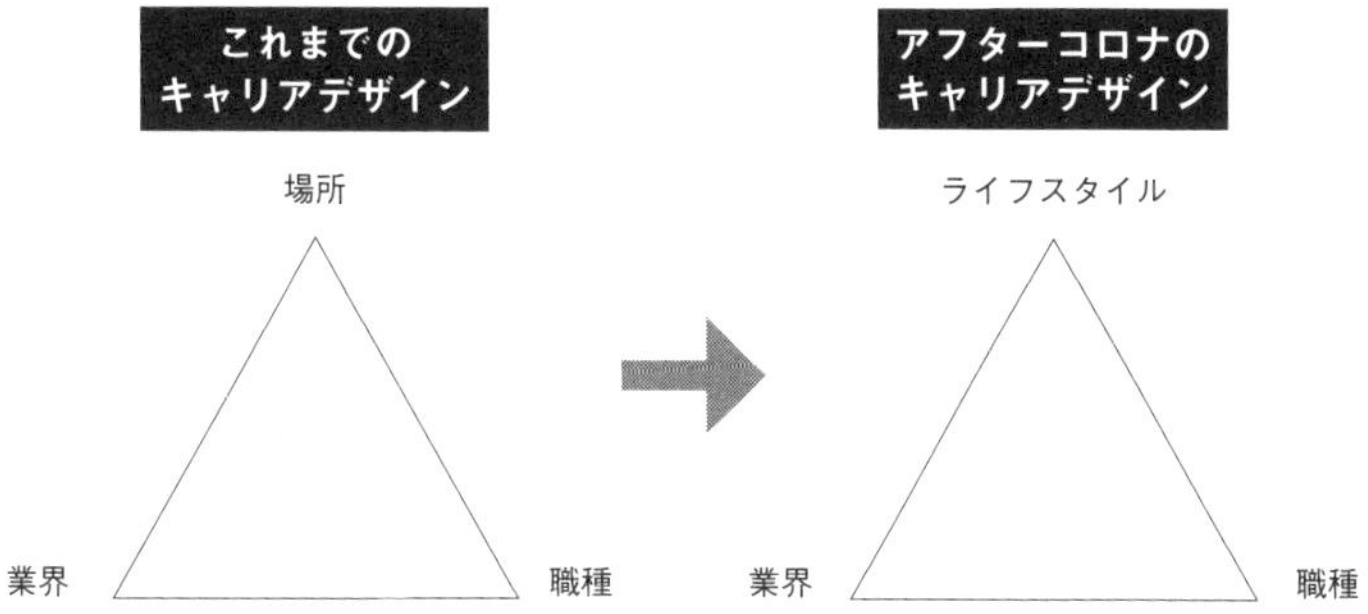

くる。

職種と業界の2つにこだわる人もいれば、ライフスタイルを大切にしたうえで、「職種」を最優先する人、あるいは「業界」を最優先する人も増えてくるのだろう。

今現在、勤めている会社で担当している**「職種」にこだわりたい**のだとすれば、そういう道を目指すことができる。「ＡＩシナジスト」という括り方をして次章で解説する。この本を手に取ってくださった皆さんにはまず考えてみてほしい部分でもある。

また、これからの時代に合わせて**AIという「業界」で生きていきたい**なら、「データサイエンティスト」や「ＡＩビジネスデザイナー」などといった専門職がある。それについては第４章で解説する。

データサイエンティストなどのＡＩ人材になれば給料が上がると考えている人も多いのではないかと思う。そのこと自体は事実といえるが、それにしてもＡＩビジネスの一面に過ぎない。そこだけで考えるというのは、裏表があるコインの片面、もっといえば多面体の一面だけしか見ていないのと変わらない。

データサイエンティストになるといった１８０度のキャリアチェンジをするほかにも、ＡＩというツールを生かしたビジネスやキャリアは展開できる。

ＡＩ人材になりたいと考えたとき、目指すべき道は１つではない。

そういうことをよく理解したうえで自分なりのキャリアデザインを試みてほしい。

POINT

□キャリアデザインを考えるうえで「場所」が持つ意味は小さくなる。日本の「東京中心主義」も変化していく

□キャリアデザインのトリレンマを構成するのは「職種」、「業界」、「場所」の3要素から「職種」、「業界」、「ライフスタイル」の3要素へと変化してきた

□トリレンマの何を優先するかで目指すべき道は変わってくる

第2章

今の職場や業種でキャリアアップする「AIシナジスト」

ＡＩシナジストとは何か？

企業人が目指したい「ＡＩシナジスト」

前章で解説したキャリアデザインのトリレンマのうち「職種」にこだわりたい人が取るべきスタンスについて、まず見ていきたい。

この場合、会社は移らず「今いる場所」でＡＩビジネスとの関わり方を考えていくのが基本になる。この本を読んでいる方の多くが、突然データサイエンティストなどへの転職を試みているわけではなく、今いる業界や職種を維持しながらいかにＡＩの知識と経験を身につけ、ポテンシャルの高いＡＩ人材になりキャリアアップしていくのか、ということを考えているのではないだろうか。

例えば、長くＰＲ（広報）を担当してきたとするなら、ＰＲの分野で「ＡＩをうまく活用できないか」を考えてみる。

既存のツールを導入するだけでも効率化を図れるだけでなく、それまでにはなかった発想のPR戦略を打ち出せるようになることもある。

もちろん、職種はPRに限らない。

人事でもマーケティングでも営業でも同じこと。

この章ではAIツールの導入例も紹介するが、**「人事×AI」、「マーケティング×AI」、「営業×AI」といった掛け合わせを考える。**職種を問わず、さまざまなパターンの利用例がある。既存のツールを導入するのではなく、新たなツールを開発すれば、やれることの幅はさらに広がる。

ここで、自分のいる職場（営業、製造、人事など）でAI導入の戦略を練りプロジェクトを社内で推進する人、AI活用をして、成果をあげられる人材を「AIシナジスト」と呼びたいと思う。

AIシナジストとは私の造語で**〝AIを使って主業務でのシナジー（相乗効果）を生み出す人〟**という意味を持たせている。

さまざまな企業が事業部主体でAI導入を進めていくなかでは、事業部ごとにAIシナジストと呼べる人がいるかどうかが重要なカギを握る。

「自分はＡＩに詳しくないから」、「理系じゃないから」と言って、自分の仕事にＡＩが無関係だと決めつけてしまうべきではない。

技術者になるようなスキルはなくても、ＡＩをうまく利用できれば、従来のやり方を踏襲していては考えられないような実績をあげられるケースは多い。会社には多大な利益をもたらし、それを個人的なキャリアアップにもつなげられる。


例えば、アメリカの銀行大手のＪＰモルガン・チェース銀行では、「ＣＯＩＮ」というＡＩソフトウェアを自社開発してローンの査定業務の省人化を実現した[30]。これにより年間１万２０００件に及ぶローンに関する契約書を数秒で読み取り、人的エラーの心配がない査定が可能になった。年間36万時間相当の労働力、約１００億円の経費を節減できたということである。

このようなソフト開発にはインハウスのエンジニアや外部協力会社との連携、そして契約書や査定を行うチームとの連携が必要となりプロジェクトチームが作られる必要がある。これは私の想像だが、ＡＩ推進室のようなところではなく、商業ローンに関する事業部が主体で行わない限り、実現は難しいのではないだろうか。そこで、このようなプロジェクト（ＡＩを掛け合わせることで契約書チェックの工程が効率化するという結果を生み出す）に関わる商業ローンチームの人材を、ここでは「ＡＩシナジスト」と呼ぶわけである。

エンジニアをインハウスで抱える米銀行とは対象的に、例えば日本にはデータサイエンティストやエンジニアといった専門的なＡＩ人材が少ないうえに、そういう技術を持つ人のほとんどはＩＴ企業に所属している。

そのため、ユーザー企業がＤＸやＡＩ導入を考える際には社長や経営幹部直轄のチームを作り、そのチームと外部の専門企業でプロジェクトを進めていくパターンになりやすい。

そうであれば、そのプロジェクトを担当する社員も必要になってくる。自分自身がそういう役割に就くことを考えてみるといい。そのプロジェクトで結果を出せたなら、会社からは当然、高く評価される。それによって責任あるポジションに就くことになるケースは多い。それだけではなく、転職や独立起業といった選択もしやすくなる。

１つの会社に長くいる人、１つの業種にこだわっている人は、自分がデータサイエンティストになって転職するというような発想は持ちにくいのだろうが、ＡＩシナジストとなってキャリアアップしていくことは十分可能である。

これからの時代のキャリアデザインでは発想の転換が重要になってくる。

人材の合成役としての「AIシナジスト」

2005年に『THE WORLD IS FLAT（フラット化する世界）』というベストセラーを出しているトーマス・L・フリードマンは、これからの社会で生き残れるのは次の3タイプだと言っている[31]（なお、本書には他にも細分化したタイプが紹介されている）。

第1は「特化型」。すなわちエキスパート（Expert）である。1つの分野において、替わりがきかないほど、高度でプロフェッショナルな技術を持つタイプ。データサイエンティストなどもここに含まれる。

第2は「適応者」。グレートアダプター（Great Adapter）という。高い技術を持ったうえで、「市場で何が求められるか」を考えながら、自分をその場所に適応させていく。いくら技術が高くても、視野が狭くては淘汰《とうた》されてしまう。

第3は「合成役」。こちらはシンセサイザー（Synthesizer）と呼ばれる。シンセサイザーというと、日本では鍵盤《けんばん》楽器のイメージが強くなるのだろう。そうではなく、「合成(Synthesize)する人」だ。1つのプロジェクトにおいて異業種の人材をまとめて動かすのに必要な人材がシンセサイザーとなる。

AIシナジストとは、フリードマン氏が命名するところのシンセサイザーだともいっていい。すなわちAIシンセサイザーである。

「真のキャリアアップ」を果たすために

「Π（パイ）型人材」という表現を聞いたことがある人は多いと思う。

「I型人材」は、1つの分野に特化したスペシャリスト。

「T型人材」は、ある分野のスペシャリストでありながら幅広い周辺知識を持つゼネラリストとしての性格を併せ持っているタイプ。

「Π型人材」はT型人材の進化形で、2つの専門分野を持っているうえにゼネラリストとしての性格も持つタイプとなる。

経済成長期の日本ではI型人材が求められ、グローバル社会となっていくなかでT型人材が望まれるようになっていった。しかし、それ以上にΠ型人材の価値が高くなる。

強みが1つなのか2つなのかという差は大きい。

2つの強みをつなげることによって可能性は際限なく高まっていく。その強みの1つをAIにしておけば、これからの時代には強力な武器になる。

「AIバイリンガル」という言い方もある。バイリンガル（Bilingual）とは2カ国語を話せる人のことだが、AIバイリンガルという場合、AIのスペシャリストでありながら、別の分野においてもスペシャリストに近い知識を持つ人を指す。

アメリカの大学ではコンピューターサイエンスを専門とする学生が哲学や心理学なども履修していくようなパターンが増えている。

AIバイリンガルを育てる教育が主流になってきているということだ。

今の日本ではまだAIバイリンガルと呼べるような人材は少ない。しかし、営業やマーケティングなど、これまでやってきた得意分野を持ちながらAIにも精通しているAIシナジストになったなら、Π型人材、AIバイリンガルと変わらない存在になれる。

さまざまな場面で応用が利かせられ、横断的なプロジェクトでは強みを発揮できる。

ＡＩビジネスに就きたいということから転職を考えるのもいいが、転職がすべてではない。アメリカで転職する場合、給料を上げることを目的としている場合が多く、転職によって実際に給料は上がりやすい。しかし新型コロナウィルスの感染が拡大したあとは転職を考える人が減ってきているという調査結果もある。世の中が不透明になってきたなかであえてリスクを背負いたくないからだと考えられる。

転職は、うまくやらなければ単なる横の移動に過ぎなくなってしまう。大きくジャンプアップしたいなら、それだけの要素が必要になる。

特定の職種間でキャリアなどを武器に転職したとしても、給料が5％上がった、10％上がったというレベルの話にとどまる。

真のキャリアアップのためには2次元の移動ではなく3次元の移動を考えたい。

そのためにも、横の移動を考えるより先に、今いる場所でジャンプする方法を探ってみるのがいいのではないだろうか。

自分のキャリアアップを考えたＡＩ活用

ＡＩシナジストになるためには、求められる素養、スキルもある。

まず**何かしらの「ドメインナレッジ」を持っていることが前提**になる。

ドメインナレッジとは特定領域の知識のこと。

自分にそんなものはないと悲観的になる必要はない。

人事や営業といった仕事を続けていたとするなら、その分野の経験が蓄積されているはずだ。工場勤務なら工場勤務でもいい。分野は問わず、それまでに吸収してきたことがその人にとってのドメインナレッジになっている。

企業がＡＩを導入する際にも、その企業ならではのドメインナレッジ＝強みとなる部分を下敷きにするのが基本になる。

個人であっても、**「自分のドメインナレッジとＡＩとの掛け合わせ」**を考えることが有効になる。というよりも、そこから考えていかなければスタートラインには立てないともいっていい。

たとえば10年間、営業をやってきた人が自分の成績を飛躍的に上げたいと思ったときにどうするべきか？

いくら経験値が上がっているといっても、従来のやり方を変えないままでいては、いきなり成績が10倍になることなどは考えにくい。

劇的に数字を伸ばしたいのであれば、部全体のデータを解析するなど、**これまでにはやっていなかった何かをする必要がある。**

優秀な成績をあげている社員と、成績があがらない社員の違いを明確にデータ化するなど、視点や方法論を変えてみてこそ、はじめて可能性が生まれる。その解析をＡＩで行い、効率的なやり方を見出すような方法もある。

それを個人でやるのが難しいと思うなら、会社のプロジェクトとして行うことを提案してみるのもいいはずだ。

前章では「通販できるみんなのお薬」というＥＣサイト用のＡＩモデルを開発したことを紹介している。このケースのように「何をすれば成績を上げられるか」を考えられたなら、そのアイデアをＡＩで実現できる場合は多い。

ＡＩの導入にはどんなパターンがあるかはこの後に紹介していく。そういう「何か」を考えて、自分の会社とＡＩ開発会社をつなぐポジションに就けるようにしていく。どういうかたちであっても個人として評価されるような結果を出せずにいれば雇用が保たれる保証もない時代である。大手企業に勤めていてもそれは変わらない。

個人としての価値を高めていかなければ、いつどうなるかはわからないのだからこそ、ＡＩシナジストを目指す意味も大きい。そういう部分に目を向けるべきである。

私たちパロアルトインサイトでも、ユーザー企業のＡＩプロジェクトで開発を依頼されるケースは多い。いわゆるＤＸ推進室のような社長直下の横断的プロジェクトチームからの依頼もあれば、人事部や製造部のような事業部単体での依頼もある。どちらもとても依頼主にとって重要な内容のＡＩプロジェクトである。その経験からいっても、ユーザー企業側の担当者には優秀な人が多いと感じている。すでにＡＩシナジストと呼べるようになっているか、ＡＩシナジストになっていくことが予想されるような人材である。

ＡＩシナジストを目指す場合、最初からＡＩについて詳しい必要はない。それよりも大事なことは以下の点である。

①担当している仕事としっかり向き合い、課題や改善点などがどこにあるかを考える

②それと同時にＡＩに対する知識はできるだけ吸収していき、他社の利用例などについても情報収集を進める

③多くの場合外部のＡＩ開発会社とのプロジェクトになるため、外部連携やプロジェクト推進の行いかた、評価の仕方を知っておく

そういう積み重ねをしていくのが現実的なあり方となる。

POINT

□転職などを考えなくてもＡＩを利用したキャリアアップは可能である

□横断的なプロジェクトでは必ず「合成役」が必要になる。ＡＩプロジェクトではその役割を果たすのがＡＩシナジストになる

□「ドメインナレッジ×ＡＩ」という発想が基本になる

ＡＩはビジネスシーンをどのように変えているのか？

技術者にならなくてもＡＩは活用できる

企業では、どのようなかたちでＡＩを導入しているのか？

ＡＩシナジストを目指す第一歩として成功事例を知っておくことも大切である。

現在ではＡＩの導入例がない業種や職種はないくらいになっているが、まずはマーケティング関係から見ていきたい。

たとえば化粧品業界。

この業界も、新型コロナウィルスが流行したことで大きな影響を受けている。これまでは新しい口紅を買おうと考えたとき、デパートに行って試してみてから購入するパターンが多かったのに、それができなくなったのも痛手だった。

そのマイナスを埋めるためにもＡＩが活用されている。たとえば**化粧品メーカーのエスティ ローダーは「YouCam メイク」というアプリを導入**した。このアプリを使って、エスティ ローダーの広告用ビジュアルを読み込むと、利用者自身の顔にモデルと同じメイクをした画像が示される。

「30 Shades of Lipstick in 30 Seconds（30秒で30種類の口紅）」というキャッチコピーが付けられていたように新種の口紅が似合うかどうかを自分の顔で試してみることができるようになったのだ[32]。女性ならこれがいかに便利で嬉《うれ》しいことかがわかると思う。

「パンデミックのあいだに消費者のエンゲージメントが３倍になった」というリリースもあったように反響は大きかったようだ。

「バーチャルメイク」、「バーチャルトライオン（試着）」はすでにスタンダードのサービスになりつつある。

これからは、こうしたサービスを導入していかなければ取り残されることにもなる。

エスティ ローダーはこのアプリを自社開発したわけではなく、台湾に拠点を置くＡＩ開発会社の Perfect Corp. と提携するかたちでその技術を導入している[33]。日本でも同じアプリを使ったサービスが展開されているようにＡＩを導入する際には必ず自社開発しなければならないわけではない。そしてこのような提携の背景には必ず発注側のユーザー企業に自分たちのビジネスの課題を理解し、主業務であるマーケティングとＡＩを掛け合わせてプロダクト開発を推進するＡＩシナジストの存在がある。

技術者にならなくても、ＡＩは活用できる。

大切なのは「どこにどのように導入すればいいか」を考える感覚である。

顧客全員に同じメールを送っていい時代ではなくなった

他の例も紹介しておく。

世界的なオークションサイトとしてイーベイ（eBay）がある。メルカリやヤフオクと似たサイトで売り手と買い手が独自に物を売買できる。イーベイには何百万人もの顧客がいて、定期的にＥメールを送信している。そうしたＥメールがどれくらい顧客に読んでもらえるかといえば、開封率は決して高くなかった。また、顧客それぞれにパーソナライズされたメッセージを書こうと考えるなら何千人ものライターが必要になる。そこで**イーベイ**

がどうしたかといえば、AIを使った「フレイジー（Phrasee）」というコピーライティングツールにEメールを書かせることにした。[34]

フレイジーは、イーベイのほかにもドミノ・ピザやヒルトンホテルなどでも利用されていることが知られている。消費者にマーケティングメールを開封させるためのノウハウを学ばせたAIツールであり、**顧客それぞれに対して最適な件名やテキストを提供**するものである。もちろん、導入した会社ごとにAIによる学習を重ねていく。

このツールを利用することにより、Eメールの開封率が高くなり、1通1通のメールが持つ意味は大きくなったという。

人件費などを大幅に節約できるのはもちろんである。

同じような成功例は他にもある。

たとえばAMA（アメリカ・マーケティング協会）では10万人以上の会員にEメールでニュースレターを送っているが、「どうすれば購読者それぞれに価値あるコンテンツを提供できるか」を考えた。[35]

そこでAMAは、AIを搭載した「ラサドット・アイオー（rasa.io）」というプラットフォームを導入。**購読者ごとにコンテンツの選択や配置などが行える**ようになり、その後は定期的に何千人単位でユーザーが増えていくことになった。

1000人の登録者がいた場合、その1000人に対して同じEメールを送るやり方はもはや通用しなくなっている。

利用者ごとにEメールを最適化していくラサドット・アイオーは、一般公開されているツールであり、誰でも簡単に利用できる。

最初の14日間は無料で、その後は月額29ドルで1回に1万メッセージまでのメールが送信できるサービスである。どうして価格まで紹介したかといえば、こうした金額で利用できるツールもあることを知ってもらうためだ。

月額29ドルなら個人でも利用できる。

職場に導入しようと考えた場合に社内で承認を得る必要さえないかもしれない。こうした最新ツールを試していく姿勢も大切である。

Eメールだけでなく、サイトの強化に役立つAIプラットフォームもある。

サイトの強化を考えたときにとにかくコンテンツ数を増やそうとするパターンはよく見

られるが、数が目的になっているのでは仕方がない。多くの人に求められるコンテンツを的確に見せていくことでユーザーを増やしていくのが大切である。

インスタグラムやツイッターなどでも「どうすればフォロワーが増えるか」、「いいね、が増えるか」を考える人は多い。そういう人たちは「こういう写真が人気になりやすいだろう」というように感覚に頼りがちだが、それでは確実性がないし自分以外の人間による再現性も拡張性もない。

AIの学習能力を生かした場合には、データにもとづいた選択がなされるので確度の高い選択が、効率良く圧倒的なスピードでスケールアップして行われるようになる。

トゥモロースリープ（Tomorrow Sleep）という睡眠関連会社（以前はマットレスの販売をしていたが、2021年2月現在マットレス販売は中止し睡眠関連コンテンツ事業を行っている）のサイトではマーケットミューズ（MarketMuse）という会社が提供するAIプラットフォームを導入したところ、[36]それまで4000人程度だった月間訪問数を1万%増となる40万人にまで増やせたという。[37]それまでと同じようなやり方を続けていてはこうした増加率になることはまず考えられない。

「営業」の人員とコストを抑えるツール

営業支援ツールの利用も広がってきている。

たとえばイギリスに本社があるテラピン（Terrapinn）というイベント会社では「セールスウェール（Saleswhale）」というカスタマーサポートツールを導入したことで顧客を増やすことに成功している。[38]

それまでテラピンでは、見込み顧客に対しては、定期的にEメールを送るだけでなく、電話で連絡を取って直接会うなどといったフォローが煩雑を極めていたという。そのためインサイドセールスチームを設立することも検討していたが、それをするには人的コストが負担になってくる。

そこでセールスウェールというツールがインサイドセールスチームの役割を果たせるのではないかと考えて導入を決めたのだそうだ。

このツールは、パイロットプログラムで3500シンガポールドル。日本円にすると27万円台なので、営業担当者1人の1カ月分の給料くらいにあたる。

それだけのコストでありながら、**このツールは顧客をうまく管理してくれた。**

セールスウェールがメールを送信したあとに営業チームが連絡する、というように**「AIと人間との協業プロセス」**も確立されたそうである。

カスタマーサポートツールは他にもある。

たとえば「ゼンデスク（Zendesk）」というクラウド型のソフトウェアは、メール、電話、SNSの問い合わせなどを一元管理するのに便利なツールで、世界中で14万を超える会社に利用されているという。

このようなツールの導入は、あくまで第一歩的なものだといえるが、その段階でも大きな成果をあげられることはある。

人事、製造管理、財務部門ではAIの使用が当たり前になってきた

人事関連でもおもしろい試みは増えている。

「スカウティブル（Scoutible）」というプログラムでは、応募者に適性試験を受けさせるのではなくゲームをさせる。それも単純なものではなく、ロールプレイングゲームと変わ

らないような本格的なものだ。そのゲームの中でどういう選択をしていくかによってその人の持つ本質的な強み・性格などを判定していく。ビッグ5やマイヤーズブリッグスなどの性格診断はいまだに採用の現場で何かしらのかたちで使われることが多いが、こちらはそれをRPGの中に落とし込むことで仕事の現場により近づけたかたちだ。

また、採用広告を出すのもお金がかかるので、AIを利用して費用を抑えながら効果的な採用広告を出せるようにするプラットフォームもある。

第1章でも人事に関わるAIを紹介したが、適性診断などに関わる部分と、コストを抑える部分でのAI導入は広がりを見せている。

製造管理、在庫管理もAIを生かしやすい分野である。

たとえばアメリカ最大級の小売業者ロウズ（Lowe's）の店内では「ロウ・ボット（LoweBot）」という自律型ロボットが動き回っている。**お客に対するサービスを行いながら、店内の在庫状況などを調べて在庫管理を行うロボット**である。[39]

再入荷が必要な商品などを判断するだけでなく、価格と商品の不一致パターンを特定するなど広範囲の役割を果たしている。それによって従業員たちの負担を大幅に軽減し、そ

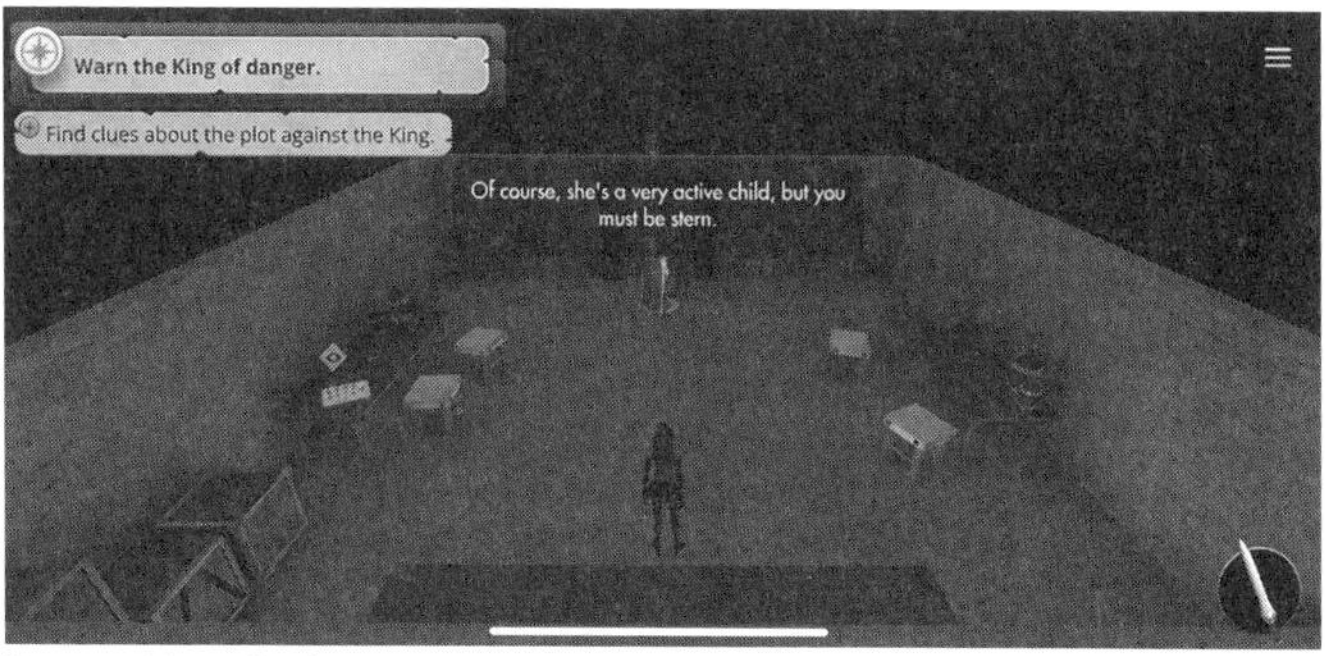

「Scoutible」ゲームプレイ中の画面

の分、従業員は生産的で複雑な作業を行えるようになったという。

このロウ・ボットは、**社内のイノベーションラボから生まれた**もので、小売業者のAI導入事例のなかでもとくに高い評価を受けている。

また、アメリカの薬局大手、ウォルグリーン（Walgreens）では8000以上ある店舗で処方された薬剤のデータからインフルエンザがどのように流行しているかを追跡し、関連した薬剤の在庫調整を行っている。(40)

あとの章でも紹介するが、弊社でも日本の老舗《しにせ》食品メーカーの依頼を受けて、商品ごとの出荷量を予測するAIシステムなどを開発している。

財務関係では、会計部門、投資部門などで幅広くAIが活用されている。

作業効率を良くするのはもちろん、**不正会計を見抜くツールや為替《かわせ》の変動の予測をするツールなどが実用化**している。

金融機関ではもはやＡＩの導入は不可欠になっている。

ＡＩを活用することによって銀行は２０２３年までに４４７０億ドルのコストを削減できるといった予測も出ている。(41)

これからは一般企業の財務関係でもＡＩを利用することが当たり前になるはずだ。

オリジナルＡＩの開発が生み出すもの

編集分野にもＡＩはかなり浸透してきている。コピーライティングツールが発達しているように**「ＡＩライティングアシスタント」も高度な作業を行うようになっている。**文法の修正などはもちろん、文章のトーンの調整やテーマに応じた情報取集などをこなす。

ライターが原稿を書けば、その人の癖が出るので、「クオドバ（Qordoba、２０２０年に社名とともにWriterに変更）」というツールでは、そうならないように文章を一定のトーンに整えてくれる。どこまで個性を尊重するかという問題になってくるが、「ＡＩによってライターは仕事を失うことになるか？」といった議論も出ている。

写真編集などはＡＩの得意分野であるのはいうまでもない。

リアルタイムで流行のトピックスを教えてくれるＡＩもあり、ブロガーなども利用できるようになっている。


このパートでは、一般に公開されているツールを利用した成功事例をメインに紹介してきた。こうしたものに関しては**「導入の壁」が低い**。

プロジェクトレベルで考える必要もないほど安価なものもあるので、企業に属している社員がＡＩ導入を考える第一歩にしやすいはずである。もちろん、それによって得られる評価も一定範囲内にはとどまりやすい。

会社の内実をよく知っていてこそ、改善したい点などがわかるのは当然である。**既存のツールでは解決できないようなところに課題が見つかる場合も多いので、必要な部分に特化したオリジナルのAIツールを開発することも視野に入れたい。**

その際、予算を組む必要がある大きなプロジェクトになりやすいが、そこまでやってみてこそ、ＡＩ導入の効果を最大化することができる。

そうなれば、そのプロジェクトを立案した実績に対する評価も大きなものになる。
皆さんにはそういうことをやり遂げられるＡＩシナジストを目指してほしい。

POINT

□既存のツールを利用することでもAIは導入できる
□すでにAI導入が常識化している部門は増えている
□効果を最大化にするにはやはりオリジナルツールを開発したい

第3章

AI人材に求められるスキルとエクササイズ

獲得しておくべき「6つの思考回路」

AIシナジストを目指すなら

ＡＩシナジストを目指すにはどんな要素が必要で、何をすべきか？

どのようなキャリアを持つ人が何をしたいと考えているかによって、進むべき道、とるべきアクションは違ってくるが、ＡＩシナジストに求められるスキルや思考回路のようなものはある。

1、「ユーザー思考」
2、「プロダクト思考」
3、「起業家思考」
4、「プラットフォーム思考」
5、「転換思考」

6、「オートメーション思考」

これら6つがそうだ。

それぞれの意味やこうした思考回路を獲得するために有効なエクササイズについて順番に見ていきたい。

AI人材のなかでAIシナジストに限られた話なのかといえば、そうではない。次章ではデータサイエンティストやAIビジネスデザイナーなどの専門職について解説するが、こうした要素が求められる場面は必ず出てくる。

1、グーグルでも重視される「ユーザー思考」

「ユーザー思考」は、プロダクトをつくる際の基本になる部分といえる。

ユーザーの身になり「どういう機能が欲しいか」、「どこを改善してほしいか」を考える。非常に重要な視点であるにもかかわらず、この視点を持っていない人は多い。

この思考を見直して、鍛えていく簡単なエクササイズとしては**「自分がふだん使っているアプリなどの使いにくい点や改善してほしい点を5つ挙げてみること」**がある。

「一番よく使うアプリはなんですか?」と聞いたあと、「そのアプリの使いにくい点や改善点を5つ挙げてください」と続けても、すぐに答えられない人がいる。

日本のユーザーは寛容で、怒るということをあまり知らない。それが長所ではなく欠点になっている。

私などは、よく使っているアプリについて、改善してほしい点などは10か所くらいすぐに挙げられる。クレーマーのようになる必要はなくても、おとなしいユーザーでいるのがいいわけではない。

どんな商品であれ、改善点を見つけられたなら、その商品をもっといいものにできる。

私がグーグルで勤務していた頃にも**「常に改善点を求めよ!」**と教えられていた。常にそういう視点を持っていなければシームレスな改善を続けることはできないからだ。

商品開発、商品改良に役立てるための「考える習慣」

「どのように改善すべきか」を考えるだけでなく、**「どうしてそのように改善すべきなのか」**の理由も言えるようにしておく必要がある。

プレゼンなどでも、そういう部分で論理立った説明ができるかどうかが、立案した企画が採用されるかどうかのカギを握る。

パロアルトインサイトで使っている手法として、商品改良の依頼を技術チームに提出するときは、以下の4つを書くようにしている。

①コンテクスト（何に関する依頼か）
②現状フロー（現状はどのような状態か）
③依頼内容（例：ボタンの位置を上から下に移動できないか？）
④理由

ユーザー視点で物事を考える癖をつけておくことは、商品開発、商品改良において非常に役立つ。どんな製品であれ、ぼんやりと使っていたら、都合のいい消費者で終わってしまう。日頃から不満や欲求をリストアップしていく習慣もつけておきたい。

よく使っているアプリなどについては、良くない点だけでなく、**好きなところも5つ挙**

げられるかを試してほしい。

好きなアプリとして名前を挙げておきながら、「どこがいいんですか?」と聞くと、回答できない人は意外に多い。いかにユーザー思考ができていないかがわかる。

目の前にあるものを受動的に受け入れるのではなく、能動的に選択したうえで使いこなしていくべきだ。

日頃からそうしていれば、気に入っているところを挙げられないはずがない。

好きでよく使っているものに限らず、「このスイッチは右についているより左についているほうが使いやすい」といったことなども常に考える習慣をつけておきたい。次章で解説するUXデザイン、UIデザインに通じる部分だ。正解、不正解があるわけではなく、そうして頭を働かせること自体がエクササイズになる。

2、PRDと「プロダクト思考」

「プロダクト思考」は抽象的なビジネスコンセプトを具体的なプロダクトアイデアに落とし込むために必要となる。

プロダクト思考がなければ、どれだけユニークなことを考えついてもビジネスにはできない。ユーザー思考ともつながってくる部分が大きい。

プロダクト思考を鍛えるために有効なのは「PRD」を作成することだ。

PRDとはProduct Requirements Documentの略で、直訳すれば「プロダクト要求仕様書」となる。つまりプロダクトがどうあるべきかを構造的にまとめたドキュメント（ガイドライン）だ。多くのIT企業では何かの開発などを行うたびにプロダクトマネージャーがPRDを作成する。

会社に提出する必要がなくても作成してみる。それがエクササイズになる。

- なぜその商品やサービスを作るのか？
- 誰のために作るのか？
- 具体的な目標はどこにあるのか？
- どのように使われることを想定しているのか？
- そのためにどのような機能を求めているのか？
- パフォーマンス要件はどうか？

・セキュリティ要件、プライバシー要件はどうか？
・そのプロダクトを作るうえでどのような問題が出てくると考えられるか？
・どのような競合が考えられるか？
・マーケティング戦略はどうするのか？

こうした質問に答えていく形式で開発の趣旨や注意点をまとめる。それにより、抽象的なビジネスコンセプトを具体的なプロダクトアイデアに落とし込んでいける。

「どういうユーザーを対象にどのように使われることを想定しているのか？」、「ユーザーが抱えるどんな課題を解決しようとしているのか？」といったユーザーストーリーをまとめる意味もあるので、**PRD作成にユーザー思考は欠かせない。**

PRDを作ることでは物事を因数分解して考える習慣がつき、新しいプロダクトを作っていくためのセンスが磨かれる。

「結局、何がしたいのか？」を答えられない人もいる

新しいプロジェクトを始めようとする際、ＰＲＤを作らないどころか、ＰＲＤにまとめておきたいような要素を頭の中で整理できていない人は多い。

脈略なく壮大なアイデアを語っている人に「プロダクトは何なんですか？」と聞いても、答えが返ってこない場合もある。アイデアらしきものはあっても、イメージが漠然としすぎていて、何が作りたいのかが具体化できていない証拠といえる。そうだとすれば、ゴールの設定ができているとは考えにくい。そういう状態で何かを作ろうとスタートを切ったとしても、価値ある成果物を生み出せることはまずない。

例えば、以前ある企業の方から「新しい事業開発を行いたいのでそのためのプロトタイプを作ってほしい」と依頼を受けた。その会社の既存事業とは関係のない事業内容でありデータやＡＩを活用したビジネスモデルだった。抽象的なプロダクトやサービスのままでは役員の稟議《りんぎ》を通して予算を取り事業化することは難しい。そのため、抽象的なコンセプトを、具体的なプロダクトに落とし込む必要があった。

ミーティングを重ねる中で、プロダクトとしての大事なポイントなどは理解できてきたが、結局のところ作りたいものはアプリなのか、ウェブサイトなのか、またはバックエンドのサービスなのか、何なのかがはっきりしなかった。ただＢ２Ｃ向けのプロダクトを作りたいという意思は明確だったため、複雑かつ抽象的なコンセプトを段階的なプロダクト開発ロードマップに落とし込み、プロトタイプとしてiOSアプリに近いものを開発した。

実際に使われたかどうかは定かではないが、ウーバーのウーバープールという乗合タクシーのような機能を開発するチームを想定したフィクショナルなPRDがある。(42) 問題の設定や解決策を導き出す上での指針や道筋も書かれている。(43)

やりたいことの目的は最初からはっきりしていたと考えられる。そのサービスを運用していくうえで出てくる課題もわかっていたので、その対策としてドライバーをレーティングするシステムの導入を考えたわけである。

目的や課題などが明確になっていれば、最初からすべてがうまくいっているわけではなくてもサービスの導入後に修正がしやすい。

そういうことを考えても、PRDを作っておく意味は大きい。たとえPRDを作らないにしても、そこに書くべき要素が整理できている必要がある。

プロダクト思考力がなければ、抽象的な概念から抜け出せない。社内でプレゼンをしたとしても、骨格が見えないので、予算がつきにくくなるのが現実である。

ＡＩ導入に関するさまざまな相談を持ちかけられるが、話が抽象的すぎて、具体的な思考能力に欠けている人が多いとはやはり感じる。「結局、何がしたいのか？」と聞いても答えられない人もいる。それでは確かな方向性をもってプロジェクトを進めていけない。

アーキテクチャー図を〝見る〟エクササイズ

プロダクト思考を鍛えるエクササイズとしては、**自分がふだん使っているアプリを１つ選んで、そのアプリの構成要素がどうなっているかを確認していくやり方**がある。

ウーバーのアプリを例に挙げるなら、位置情報、マップ（グーグルマップス）、ユーザー通知、自動支払い、ユーザー情報をためるデータベースなど、さまざまな技術スタックでなりたっていると想像される。

グーグルマップスに関しては非常に興味深い情報があり、ウーバーはグーグルに対してかなりの額の使用料を支払っているはずだが（ウーバーがＩＰＯした時の資料で公開されている情報によると、２０１６年から２０１８年にかけて１日約５万３０００ドルをウーバーはグーグルマップス使用料として支払っている(44)、自分たちでグーグルマップス以上のマップを開発するのは難しい。グーグルマップスを組み込むようにしたほうがコストがかからないという判断からこうしたかたちをとっているのだろうと想像される。

既存アプリの構成要素を見ていくことではそういう考え方を学んで、現実的なプロダクト思考を吸収していける。

「アーキテクチャー図」

も見慣れておきたい。

アーキテクチャー図は、基本設計、構成要素、データの流れなどを図にしたものだ。フォーマットが決まっているわけではなく、プロダクトによって構成要素は変わり、その図で何を示そうとしているかも違ってくる。

システムの構造などについては専門知識が必要になるので、わからない部分があるのはかまわない。すべて理解できなくてもいいので、その図によって何が示されているかをなんとなくでも理解できるようにしておきたい。

アーキテクチャー図の作り方を解説したサイトなどもある。

自分で図までは作らなくても、できるだけ多くのアーキテクチャー図を見るようにしておけば勉強になる。

3、イントラプレナーが犯しやすい失敗から抜け出す「起業家思考」

ＡＩを使った新規事業を考えているビジネスパーソンと話していて感じることの１つに、「起業家思考」に欠けている人が多いということがある。

まずいえるのは、**ビジネス検証をしないでプロダクトを作ろうとする担当者が多い**ということ。予算がついていればプロジェクトそのものは立ち上げられるが、検証が不十分なままではゴールまではたどり着けない。途中で予算が取れなくなって座礁してしまう事態にもつながりやすい。

会社の中でＡＩプロジェクトを始めるときには、社内の課題を解決するためのツールを開発する場合と、新しいビジネスを立ち上げる場合がある。

後者でありながらビジネス検証がおろそかになっているケースも少なくない。データやＡＩを活用しながら商品開発、新サービス開発をしようとしても、ビジネス検証ができていなければ、必ずどこかで行き詰まる。

本来、スタートを切れるような状態ではないのにスタートを切ってしまうイントラプレナー（社内起業家）は、思いのほか多いのではないだろうか。

コストをかけずに短期間で商品やサービスを開発するリーンスタートアップという考え方もあるにはある。しかし、顧客を特定したうえでのビジネス検証は最初に行っておく必要があるのはもちろんである。

「誰のどんな課題を解決するために何を作っているのか」という点に関しては絶対にブレないようにしなければならないからだ。

経験の少ない起業家やイントラプレナーは、「誰も必要としていないもの」を作ってしまう失敗を犯しがちだ。

自分の中にある概念を現実化しようという自己満足に陥り、ビジネスとして成り立たないことをやっているパターンである。また、イントラプレナーの場合は、プロダクトマーケットフィットがありそうなプロダクトであっても、会社として事業化できるかどうか、という別の側面での起業家思考も大事になってくる。事業計画書の作り込みや何年で投資対効果が出るのかなどの試算も重要になってくる。ビジネスモデルの作り込みもプロトタイプ開発と同時に行うべきであり、お金を払ってくれるカスタマーは誰なのか、補充関係にあるコンプリメンターは誰なのか、競合は誰なのか、代替はなんなのか、などのマイケル・ポーター教授の5フォースフレームワークは基本だが、軽視されるべきものではないだろう。

エピファニーに向けての4ステップ

スティーブ・ブランクという起業家が書いた『The Four Steps to the Epiphany』という本がある（邦訳は『アントレプレナーの教科書』）。ブランク氏は、シリコンバレーで8社の経営に携わり、現在はスタンフォード大学などで後進の教育に力を入れている人物だ[45]。「エピファニー（Epiphany）」とは宗教的な言葉だが、「顕現」という意味を持つ。ここでは「ビジネスの創出」というような意味合いだと考えればいいだろう。

そのための4ステップとして**「Customer Discovery（仮説／顧客の設定）」→「Customer Validation（顧客の検証）」→「Customer Creation（顧客の創出）」→「Company Building（会**

社組織の構築)」が挙げられている。

「対象は誰か」
「どういう課題を抱えていて、その課題を解決するためにはどうするべきか」
「どういうプロダクトを提供すれば問題が解決するのか」

そういった部分を明確にするところからスタートすべきだということが示されているわけである。

プロダクトを固めてマーケティングを行うのはそのあとの作業でいいということだ。準備段階の「顧客の設定」、「顧客の検証」がとにかく重要なのに、そこが欠落していてはうまく進めていけるはずがない。

起業家思考はＡＩシナジストに必要というより、ビジネスを始めるにあたっては誰にでも欠かせない要素といえる。

4、今の時代のプラットフォームを知り、その強みは何かを理解する「プラットフォーム思考」

「プラットフォーム思考」はプロダクト思考、起業家思考とも結びつきが強い。

デジタル時代には競争の枠組が従来とは変わってくることが前提になる。

たとえば、トヨタ自動車の競合相手を考えるなら、日産自動車、HONDAといった名前が挙がってきやすいのだろうが、これからはそういう認識で固定されているべきではない。何十年も前につくられた自動車業界の中の縦構造の競合にとどまらず、自動運転ソフトを開発しているウェイモーを持つグーグルであったりモビリティアズアサービス(MaaS)によってサービス拡充を狙うウーバーであったり、異業種から競合が生まれてくることも考えられる。

技術やビジネスモデルの拡張を背景として競争の枠は横断的に広がり、業界の境界線が曖昧《あいまい》になってきていることがAI時代の特徴とも言える。

たとえばフェイスブックを例に考えてみてほしい。

フェイスブックのユーザー、顧客は誰かといえば、皆さんのような一般ユーザーだけではない。実はユーザーは4種類に分けられる。

一般ユーザー、パブリッシャー（コンテンツの提供者）、広告主、アップデベロッパー（アプリ開発者）がそうだ。

「フェイスブックのユーザーはどのように分類できますか？」と質問されたとき、この4種類をすぐさま挙げられるのがプラットフォーム思考である。

エクササイズとしては、こうした例を考えて図を描いてみるのがいい。

それによってデータとお金の流れを理解できる。

プラットフォーマーとは何か？

近年、日本では「データビジネスのプラットフォーマーになりたい」という意向を持つ会社が増えている。そういう状況だからこそ、**「プラットフォーマーとは何か？」ということをあらためて考えておきたい。**

図6　フェイスブックのプラットフォーム ビジネスモデル

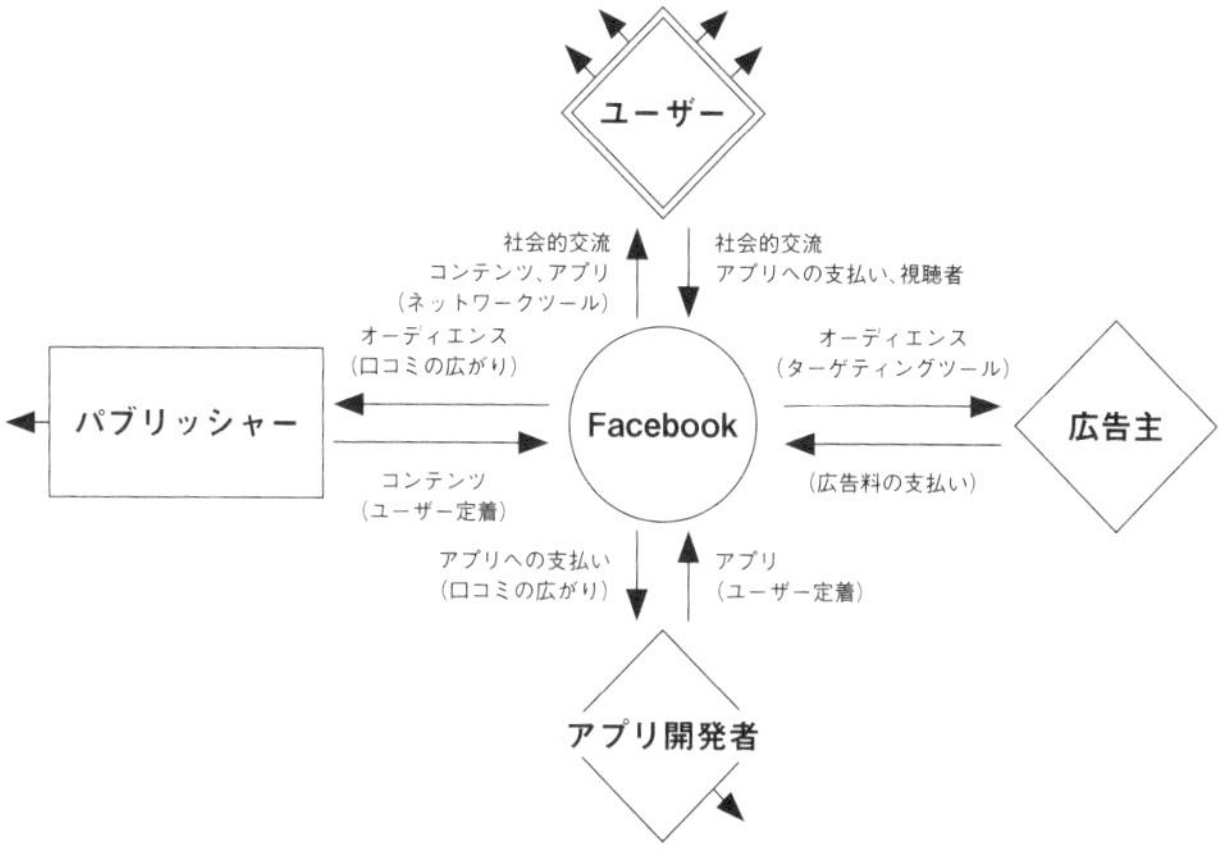

出所：David L. Rogers"The Digital Transformation Playbook: Rethink Your Business for the Digital Age"
(Columbia Business School Publishing)（日本語訳は著者による）

デジタルトランスフォーメーションに関する本として有名な『THE DIGITAL TRANSFORMATION PLAYBOOK』を書いたコロンビア大学ビジネススクールの教員でもあるデビッド・L・ロジャースによれば**「フリクションレス・アクイジション＝Frictionless Acquisition（摩擦なき顧客獲得）」**が挙げられる。

ウェブ技術、API（アプリケーション・プログラム・インターフェース）やSDK（ソフトウェア開発キット）といったツールを利用することで、営業や交渉、複雑な手続き段階ごとに交渉を行う必要がほとんどなくプラットフォームに参加することができる。たとえばテレビ番組に広告を出そうとすれば、何度か対面交渉などを行うことになりやすい。それに対して、インターネット上に広告を置こうとする場合は、必要な入力作業などを行うだけで済む。

そうしたプロセスの変化によって顧客獲得やユーザー獲得にかかる時間とコスト、相対的な摩擦は劇的に減り、指数関数的にユーザー数を増やすことができる環境が整った。摩擦は減ったということだ。

クラウドを利用することによってプラットフォームのインフラそのものを急速に拡大できるようになったのも大きい。それにより拡張的にユーザーとそれに伴うデータ量を増やしていけるようになっている。例えば、フェイスブックCTOのマイク・シュローファー氏のインタビューによると、フェイスブックではIPO以前、社員がまだ数百人だった時からインフラ設計に非常に力を入れていたとのことだ。お正月やクリスマスなど、世界中のユーザーが一気に投稿をする時間帯に爆発的なユーザーの数がログインすることになる。その時、リアルタイムでAさんの友達Bさんが「あけましておめでとう!」とコメントしたらBさんの友達であるC、D、Eさんにもその投稿が見えるようにしなければならない。そして、Eさんが「いいね」を押したら、それが反映されなければいけない。これだけを考えるとシンプルだが、1人あたりの友達の数が500人〜1000人となると拡張性の高い複雑なインフラ設計が必要なことは容易に理解できるだろう。

「マルチサイド・プラットフォーム」という言い方もされるように複数のグループがつながり合っているビジネスモデルが基本になる。

「食べログ」などにしても、ユーザー、飲食店、広告主、レビュアーというように4種類のカスタマーがいることになる。

ウーバーであれば、ドライバーとお客という2サイドになるのかもしれないが、最低でも2種類の異なるタイプのユーザーをサーブしておく必要がある。そのうえで、それぞれのユーザーには独立した価値を提供しなければならない。

アンドレイ・ハギウ准教授とジュリアン・ライト教授の論文を参照しながら、デビッド・L・ロジャース氏は以下のようにまとめている。次の3つの条件を満たした時にプラットフォーマーと定義付けられるとのことだ[46]。

①2種類以上の異なる種類のユーザーをつなげていること

スカイプなどは、1対1のコミュニケーションであり、使うユーザーに大きな異なる特徴があるわけではないのでプラットフォームとは言えない。逆にエアビーアンドビー（Airbnb）は家を貸し出すホストと家を借りるゲストという2つの大きく異なるユーザーを持っているため、プラットフォームと言える。2つの異なる特徴と価値を持ち合わせたユーザー層を持ち合わせることで双方にとって付加価値をもたらすことがポイント。

②ユーザー間のダイレクトなやりとりが可能であること

プラットフォーム上では、ユーザーそれぞれが独立性を持ちながら直接コミュニケーションを取れるようになっていることが大事である。販売代理店やエージェントモデルなどとの大きな違いがここにあり、例えばメルカリでは売り手と買い手が直接値段交渉などのやりとりを行うことができ、そのやりとりに場の提供者であるプラットフォーマーは基本的に関与しない。結果的にユーザーの独立性が強化され、多様性のあるコンテンツやユーザーがネットワーク効果をバネに集まるようになる。独立性を尊重する結果、スケールアップすることが容易になるが、その反面質の低いコンテンツが集まる可能性もある。

しかし、そこでＡＩなどを活用してスパムフィルターを作ったり、フラグシステムを導入したりと警察機能を強化することである程度の問題は回避できる。

③やりとりを円滑にするための機能を提供していること

ユーザー間で独立したやりとりを行うため、より円滑にするためにプラットフォーマーはさまざまな機能提供をする必要があり、結果的にプラットフォーム上でお互いがやりとりをすることが「一番使いやすい」とユーザーが感じ、プラットフォームにログインしてやりとりや商売を行うデザインがされていることが大事である。例えば、求職者と企業を結びつけるプラットフォームがあったとして、結びついたあとのコミュニケーションは双方間で電話番号などを交換して行え、また、求職者も企業も電話番号を交換して直接やりとりをした方がよいと感じるのであれば、プラットフォームとしての強みが生かし切れていないと言える。電話番号表示ができないような機能を導入して特定の行動を禁止するプラットフォームも多くあるが、結局は本質的な「異なるユーザーを結びつけることでの価値創造」という行為とはかけ離れた行為であると言えるだろう。

もちろん、ファシリテーション（facilitation＝円滑化）を考える必要もある。
こうした条件をクリアしてこそ、プラットフォームになれるということだ。

「Light in Asset（多くの固定資産を持たない）」、「Scale Rapidly（急激にスケールアップできるインフラ）」、「Winner Takes All（成功すれば業界のモノポリー、またはドゥオポリーになりえる）」

資産と関係なく急激にスケールアップして圧倒的勝者となる——。

それがプラットフォーマーだという言い方もできるのかもしれない。
民泊を普及させたエアビーアンドビーなどをイメージしてもらえればわかりやすいのではないだろうか。大きな資産を抱えているわけでもなければ労働集約型の人材を抱えているわけでもない。独自のサービスによって圧倒的なシェアを獲得したプラットフォームである。

日本の企業がプラットフォームになろうとする場合には「そのプラットフォームにはどのようなプレーヤーがいて、プレーヤー同士の相互作用はどうなっていて、データやお金はどのように動き、付加価値はどこからどこに提供されるか」といったダイアグラムをあらかじめ描いておく必要がある。

実際にそういうプラットフォームをつくろうとするのか。トレーニングとして、新しいプラットフォームのあり方を考えるのか。

いずれにしても、こうした考え方をしていく習慣をつけたい。しっかりとしたプラットフォーム思考を持てたなら、スーパーＡＩ人材になれる可能性も高まっていくはずだ。

プラットフォーマーエクササイズ

あなたがプラットフォームビジネスを立ち上げる立場にいるとして、以下の質問に答えてみよう。

1、誰がプラットフォームの主要顧客なのか？

2、それぞれの顧客タイプの役割や価値ある貢献は何か？

3、それぞれの顧客にとってプラットフォームの魅力は何か？
4、プラットフォームはいかに稼ぐか？
5、あなたがプラットフォームの顧客だとして、何の価値を提供しようと思うか？
6、あなたはプラットフォームの価値をいかに引き出し、活用できるか？

POINT

□AIシナジストになるには「ユーザー思考」、「プロダクト思考」、「起業家思考」、「プラットフォーム思考」、「転換思考」、「オートメーション思考」が重要になる

□それぞれの思考を獲得するためには、PRDの作成などといった有効なエクササイズがある

□ビジネスのデザインは「顧客の設定」から始まる

□プラットフォーム思考を持てば「スーパーAI人材」にもなれる

「転換思考」と「オートメーション思考」

5、アイデアからアイデアを生み出す「転換思考」

「転換思考」は文字どおりの意味だ。

優れたビジネスアイデアの実例、成功例を知ったときには「その考え方を別の部分に応用できないか?」を考えてみる。それが転換思考だ。

アイデアのおもしろさとして、私がよく例に挙げる1つにジョン・ディア（John Deere）で知られるディア・アンド・カンパニーという農業機械メーカーがつくったシー・アンドスプレー（See and Spray）農耕機がある。

作物と雑草を見分けることができるカメラを搭載した農耕機だ。このカメラを開発するためにジョン・ディアは、シリコンバレーのAI開発会社ブルーリバーテクノロジー（Blue River Technology）を3億5000万ドルで2017年に買収していた。(47)その会社の技術を使って100万枚以上の画像を学習したディープラーニングを使って解析し、作物と雑草を見分ける画像認識技術を搭載した除草剤噴射機を開発したのである。[48] 農耕機の下にそのカメラを取り付けることで、雑草だけにピンポイントで除草剤を噴射できるようになったというから驚きだった。

除草剤は高価なので、コストがかなり抑えられるようになり、除草剤の使用量が80〜90％も削減されたとされている。[49] 作物に除草剤をかけなくて済むので環境にもやさしい。画像認識技術と除草剤の効率的な噴射を結びつける発想を持てたこと自体がすばらしい。

こうした製品が開発されたことを知ったとき「○○と△△も見分けられるようにならないか？　それができたなら画期的な商品となる」と考えることが大事である。

実現できるかどうかはあとの問題として、まず応用例を探る。

そういう柔軟な発想が実はＡＩをビジネスの現場で掛け合わせるＡＩシナジストにはとても大事なのだ。

他にもおもしろいＡＩ導入の事例を挙げるので、例えばあなたの仕事の現場で同じような技術が使えるとしたら、どんな風にどんな課題解決に使えるのか考えてみてほしい。

帝王切開による出産の危険性を低くするためにも画像認識の技術が使われている。
帝王切開は現在出産の3〜4割を占めているが、手術の際に出血過多や輸血などの問題に気づかず母親が合併症などを起こしてしまうことがある。出血量を正確に測るのは至難の業で、医師が通常は目視などで判断している。正確な出血量を計測するため、また、出産の現場でシームレスに課題解決をするために医療現場で取り入れられているのが、シリコンバレーにあるガウス・サージカル（Gauss Surgical）社のトライトン（Triton）というアプリケーションだ。

トライトンは、出産現場で血を吸ったスポンジやガーゼをiPhoneやiPadにかざすと、その色の濃さや広がりの面積などから出血量を瞬時に計測してくれる。キャニスターに入った血液量も同じように計測する。独自の技術から血液とその他のものを見分けることもできるため、より正確に出血量のみを計測する。ガウス社独自の調査によると、トライトンを導入した出産の現場では2倍から4倍多く出血過多が検出されており、結果的に適切な医療措置の遅れが34％も低減したという。(50) また、帝王切開の場合には外科医の目視よりも約6％多く失血を検知できるようになったのだという。このような分野における6％はかなり大きな数字だ。命を扱う現場でこの数字が意味することはとても大きいのではないだろうか。

こうした成功例を知ったとき、ただ感心するのではなく、同様の技術が他に使えないかと考えてみる。一応考えてみたというのではなく、**3つ具体的な例を挙げるようにする。**それが実践的なエクササイズになる。

例えば、iPhoneやiPadのカメラに何かをかざして即時に重さや広さ、体積や面積を計測できる技術があったとして、あなたならどんな課題解決に使うだろうか。物流業界や流通業界の人であれば、コンテナなどの積載量や積載率を測りたいと思うかもしれない。欠品率を測るのにも使えるかもしれない。または、運動好きな人なら、運動直後に脱いだ運動着から、運動中にかいた汗の量を測りたいと思うかもしれない。家具やDIY好きな人であれば、家のリノベーションをするときのレイアウト設計などに使えるかもしれない。可能性はさまざまだ。

転換思考が大事な理由としては、ＡＩ導入事例や技術の最新事例だけを学び続けていても、それを自分ごとに転換することができなければインプットにすぎないということが挙げられる。そして、１００％フィットしたかたちで自分の業界や職場に合った提案をされることは、そのようなサービスを有料で受けない限りはないだろう。だから、インターネットや本、セミナーなどでさまざまなＡＩ導入事例を学んだ時に、そのインプットを自分のためのアウトプットに変えなければ意味がない。

センチメント分析とスーパーマーケッター

パロアルトインサイトでは現在、大手芸能事務所のホリプロともＡＩプロジェクトを進めている。所属タレントに関することが書かれたＳＮＳ投稿をＡＩ解析するシステムを開発したが、このシステムなども応用例を考えやすいのではないかと思う。

ファンの声などは事務所の側にも届きやすいが、その声が世間の反応だと思っていると、マーケティング用語でいうエコーチェンバー現象に陥りやすい。同じような見方（多くの場合は肯定的な見方）をしているファンの声が一般的な見解だと思い込んでしまいやすくなるということだ。

そうならないようにファンではない人たちの反応も逃さないようにする必要がある。タレントの行為や発言に対して、ファンに限らずどのような反応が起きているか？　その声を収集してセンチメント分析（感情分析）を行う。

現場を管理するマネージャーが解析結果を見ることで世間全体の反応を確かめられるようにして、それをタレントの育成方針や仕事の選択などに生かしていけるようにする。

芸能界のビジネスは、伝統的な慣習にもとづいて行われやすいのだという。タレントの価値やCM出演料などは属人的に決められる面も大きいので、客観的なデータを集めて可視化することの意味は大きい。

1年以上前からこうしたシステムの導入を考えていて開発を進めていたが、新型コロナウィルスの感染拡大による自粛ムードが強かった頃から、このシステムに対する期待が高まった。ドラマやCMの撮影が停滞していたこともあり、そういう中でこそ的確な営業活動が求められるようになったからだ。

このプロジェクトについては新聞報道もされている。[51] そういうニュースを目にしたときにすぐに転換思考を働かせられるかどうかが問われる。

たとえばマーケティング担当者には、ふだんからウェブサイトへのアクセス数を気にしている人が多いのではないかと思う。

数字だけでわかることは限られている。

単にアクセス数だけを見るのでなく、**「何がわかれば、そこから何が読み取れるか?」**を考えてみる。それによって、これまで気がつかなかった消費者の反応や潜在的な需要が見えてくるかもしれない。消費財メーカーなどでは自社が持つブランドのキャンペーンなどのネット上での反応を定量的、定性的に見るために感情分析ツールを活用しているところも多くある。

そうして他のマーケッターとは次元の違う分析を行い、その結果が意味するところを誰にでも理解できるように標準化できたなら、スーパーマーケッターを目指すこともできるようになる。

「違う業界のアイデア」にこそアンテナを張っておく

ジョン・ディアの話に戻せば、このような成功例を聞いたとき、「すばらしい開発だけど、農耕機の話は自分には関係ないな」で終わらせていては発展がない。

業界の垣根を越えて、発想の転換ができてこそ意味を持つ。

逆にいえば、農耕機業界で働く人がジョン・ディアの成功例を知り、同じようなことができないかと考えてもあまり意味がない。他社への追随を考えている時点で、先に進む気がないことを露呈しているようなものである。

まったく違う業界で生まれたプロダクトに関心を持ち、自分たちの業界で応用できないかと考えてこそ「新しい成果」につなげられる。

技術的にそれが可能かどうかは技術者や専門の会社に相談すればいい。まずは、ビジネスになるかもしれないアイデアを思いつくことができるかどうかが問われる。

ホリプロの例にしても、ＳＮＳのセンチメント分析という点にこだわっていて応用例は思いつけなかったとしたなら、もう少しメタに考えてみるのがいい。

収集した情報から大事な部分を抽出して「見える化」したのがホリプロの例だが、情報の発信源はＳＮＳにこだわる必要はない。

どういう情報を集めて、その中から何を抽出すれば、役立てられるか？

そうした置き換えをできるかどうかが問われる。

6、見直しから始まる「オートメーション思考」

ここまではＡＩシナジストとして技術に関する感度を高めてリテラシーを上げる素養を養うための思考について主に紹介したが、最後の思考は、ＡＩを導入すべき課題を見極めるために必要な、いわば課題抽出のために必要な思考能力である。「オートメーション思考」とは、どうすれば作業工程などを省人化できるか、効率化・最適化できるかを追求していく思考のことをさす。

どんな業種のどんな作業でも、工程を洗い出していけば、効率化や自動化ができそうなポイントが見つかることが多い。そしてそれは多くの場合ボトルネック（障害）と呼ばれる工程であったり、属人的な判断基準で行われている工程であったりして、その後の工程の良し悪しや生産性が直接影響を受けることが多い。それを見つけるのがオートメーション思考だ。

自動化するための技術的なこと、Howの部分がわからなくても現段階ではかまわない。まずペインポイントやボトルネックを見つけることができるかどうか？

AIを使いこなす人間になるか、AIに使われる人間になるかということも、こうしたところから分かれてくる。

グーグルでは極限までムダな情報や工程を省いていくという点で徹底していた。その徹底ぶりはユーザー思考のところで書いたことにも通じるが、ユーザー思考とはまた別の視点から改良点を探し続ける必要があるということだ。

GAFAなどは「なんで、ここを自動化しないの？　できないの？」と考え続ける人間の集まりだといえる。だからこそ最高レベルに使いやすいプロダクトを作り出し、デバイスやプロダクトを超えたシームレスな顧客体験を生み出す改善を続けていくことができる。

オートメーション思考のエクササイズはシンプルだ。

「自分の仕事のやり方にムダがないか」、「どうすれば効率化できるか」を常に考えることが目的だ。

そのためには、まず自分の仕事を細分化して工程として書き出す必要がある。細分化した作業内容の中で、以下のポイントを満たす工程があるかを見つける。

①リードタイムが非常に長い

作業自体にとても時間がかかる工程がある場合、そこにまずは注目する。作業内容をより細かいレベルに分解することでどこがボトルネックかがわかる。

②自分の判断基準で（なんとなく、勘、過去の経験上）決めている

こちらに関しては、人間的でよいと思われるかもしれない。また、勘をどうやって機械に学ばせるのかと思う人もいるかもしれないが、ビジネスにおいては属人的な判断基準というものは再現性や拡張性が高くないため弱点になりうる。属人的なセンスを持つ１人の社員に依存していた場合、その人が辞めた場合に取り返しがつかないからだ。このよう

な工程は多くの場合会社の重要な事業に密接に関係していることが多く（製造や営業など）省人化のための一歩を踏み出す必要があると言えるだろう。

ふだんからやっている自分の仕事であれば、オートメーション化、省人化、アウトソース化ができるのではないか、と考えやすい。

自分の仕事と関わりが深い周辺作業などでもそうだ。

近い場所から見ていれば、「ムダなことをしているな」と感じられることも多いはずだ。

そうした気づきがあったなら、どう改善すればいいかを考えるようにする。

それがエクササイズになるだけではなく、気づいた問題の解決に向けて動きだせば、実際にプロジェクトを動かせる。その時点でＡＩビジネスを始められるということだ。

第５章で紹介する佐藤《さとう》さん（仮名）にしても経理担当の立場から見て自社の製造工程にムダがある、と感じたのがＡＩ導入に取り組むきっかけになっていた。それがまさしくオートメーション思考である。

ＡＩ導入を外部に発注する場合にしても、「どこを省力化したいか」といったことに自分たちで気づいていなければ有効なシステムを作っていくことができない。

ムダや課題に気づけるかどうかは資質の問題も大きいが、常に考える癖をつけておくことで、いろいろな課題が見えてくるようになる。課題を見つけて、改善策を突き詰めて考えていけるかどうかは起業家思考にもつながってくる。


ここまでに挙げた6つの思考は、どれか1つに着目してそこだけを伸ばそうとするようなものではなく、すべてがつながり合っている。こうした思考を伸ばしていくことを考えながらＡＩシナジストを目指す人が増えてほしいと願う。

経験値を「0」のままにはしておかない！

漠然とＡＩを仕事にしたいと考えているだけでは何も変わらない。

ここまでに記してきたようなエクササイズを試みるほか、どんなかたちであってもいいのでＡＩに触れてみることも大切だ。

たとえばＮＡＳＡ（アメリカ航空宇宙局）では「AI4Mars」というサイトを立ち上げて、

機械学習を使って火星探査機キュリオシティに火星の地形を教え込むプロジェクトを行っていた[52]。

ボランティアで誰でも参加できるものであり、作業はいたってシンプルだ。

AI4Marsでは、キュリオシティが撮影した火星表面の画像が見られるようになっているので、プロジェクトに参加した人は、画像を範囲指定して、「Big rocks（大きな岩）」、「Bedrock（平らな岩）」、「Consolidated soil（固い土）」、「Sand（砂）」に分類（ラベル付け）していく。キュリオシティは、そのデータから学習して、安全な地形かどうかを判断できるようになっていくわけだ。

この原稿をまとめている段階で約８０００人のボランティアが参加したことで、プロジェクトが達成されていた。

ＡＩに対する知識が求められない単純作業ではある。しかし、こうしたことでもいいから**参加したことがあるか**が問われる。同様のエクササイズは多いので、その気になれば、インターネットですぐに見つけられる。

参加することによって経験は「1」になるので、何もしていない「0」の人とは大きな

違いが生じる。

どれだけ意欲があり、さまざまな本を読んでいようとも、行動を起こしていなければ「0」を脱することはできない。

「1」の人と「0」の人では立っている場所がまったく違う。

両者のあいだにそれほどの差はないのではないかと感じる人もいるかもしれないが、そうではない。

「0」には何を掛けても「0」にしかならないのに対し、「1」であれば掛け合わせによって可能性が無限大に広がる。

迷わずにまず一歩を踏み出せる人と、勉強はしていてもアクションを起こせない人とを比べれば、その後、活躍できるフィールドはまったく別のものになってくる。

ウィズコロナ、アフターコロナの時代においては、とくに両者の違いは大きくなりやすい。すぐに取り返せないほどの差になってしまうこともあるはずだ。

それくらい行動力と経験値が持つ意味は大きい。

「0」の人はまず「1」になる。

「1」になった人は、それを「10」や「100」にしていく手段を考えて実行に移す。

その経験をできたなら、それを周囲にアナウンスしていくことも大切になる。発信ができるかどうかによっても活躍できる場が得られるかどうかが左右されるからだ。

そういうことを理解して一歩を踏み出すことからキャリアデザインは始まっていく。

POINT

□ビジネスの成功例は「業界の垣根」を越えて応用できる
□作業工程の省力化、最適化を考えるのもＡＩ導入の基本となる
□経験は「０」から「１」にして、「１」から「10」、「１００」にする

第4章

データサイエンティスト、AIビジネスデザイナーになる

ＡＩビジネス最前線に立つデータサイエンティスト

データサイエンティストとアナリスト、エンジニアの違い

キャリアデザインのトリレンマのうち「業界」にこだわり、ＡＩ開発会社などでやっていきたいと考えるのであれば、**「ＡＩ業界の中で何がしたいか？」**を考えて、そのために必要なスキルを身につける必要がある。

ここまでに解説してきたＡＩシナジストは職種というより役割、特性に近いものだが、専門性が高い職種としては、データサイエンティストやデータアナリスト、エンジニア、ＡＩビジネスデザイナー、ＵＸデザイナー、ＵＩデザイナーなどが挙げられる。

すでに何度か名称として挙げているデータサイエンティストは、ＡＩ人材として最も名

称が挙げられやすい職種といえるのではないだろうか。

そのデータサイエンティストから解説していきたい。

明確な定義はないが、データアナリストやエンジニアとは区別される場合が多い。

「データサイエンティスト」は、ＡＩを導入するためのデータ構造を設計し、データを解析してＡＩを実装するまでの役割を一貫して担う。

「データアナリスト」は、すでに整っているデータを分析して改善点などを見つけるのが主な仕事になる。幅広いスキルが求められるデータサイエンティストに対して、データアナリストは分析の作業処理に特化しているといっていい。

データサイエンティストの場合、プログラミングに強い人もいれば、機械学習（マシンラーニング）のモデル開発に特化している人もいる。アプリケーションに落とし込むプログラミング作業やインフラ開発など、フルスタックのデータサイエンティストが貴重な戦力になるのはいうまでもない。

データアナリストの上位職がデータサイエンティストという見方をされることもあり、イメージとしては間違っていない。データアナリストがそれまで備えていなかったスキルを身につけてデータサイエンティストになることもある。簡単なことではないにしても、データアナリストとしてキャリアを積んでいたならその素養は役立てられる。

「エンジニア」は、インフラエンジニア、フロントエンドエンジニア、iOSエンジニアなど、職域が分けられる。

インフラエンジニアであれば、ITインフラ（サーバーやネットワーク）の設計や運用が主な仕事となる。会社や職場によっても役割は変わってくるが、運用業務に特化しているとすれば、必要なノウハウを頭に入れておくことで仕事をこなせる場合もある。

フロントエンドエンジニアのフロントエンドとは、ウェブサイトやアプリのフロントサイド（ユーザーやクライアントが直接的に接触する部分）を指す。フロントエンドエンジニアはその設計などを行う。

iOSエンジニアであれば、iPhoneのアプリ開発に特化している。同様にアンドロイドエンジニアなどもいる。

フルスタックのエンジニアは当然、需要が高い。

新たなプロダクトを開発する際にはデータサイエンティスト1人に対してフルスタックのエンジニアが数人つくのが理想となる。実際に、最新のグラスドアの調査によれば、データサイエンティストより需要がここ数年で増えてきている職種にフロントエンドエンジニアとジャバディベロッパーが挙げられていたのも肯《うなず》ける。近年データサイエンティストになりたい人が増えている反面、腕のよいフロントエンドエンジニアなどは供給が足りていないのだろう(53)。

アメリカではユーザー企業にデータサイエンティストやエンジニアが所属している場合が多いのに、日本のユーザー企業にデータサイエンティストやエンジニアがいることは少ない。ＩＴ企業やＡＩ開発会社に所属している場合がほとんどになっている。

ＡＩに対する正しい理解が深まらないのもそれに関係している。

自社にデータサイエンティストやエンジニアがいないため、新たなシステムなどを導入する際にはほとんど外注になるからだ。

そうであれば、ＡＩがどのように開発、運用されるかはイメージとしても摑《つか》みにくい。

そういう状況だからこそ、ユーザー企業においてＡＩシナジストになる意味は大きい。

データサイエンティストの適性とは？

これからの需要を考えたならデータサイエンティストのような職種を目指すのはいいと思うが、こうした職種には向き、不向きがある。

例えば、パロアルトインサイトでデータサイエンティストを採用するときはデータ解析能力以外にも総合的に判断している。

単に解析や分析の能力が優れていればいいというわけではない。

「貪欲《どんよく》にデータを取りにいけるか」

「知的好奇心があるか」

「コミュニケーション能力はどうか（複雑な分析結果や事象をうまく説明できるか）」

「ストレス耐性はあるか（実験を数多く根気よくこなせるか）」

など、チェックしたいポイントはいくつかある。

データサイエンティストには「プログラミング・情報処理」、「数学・統計学」、「コミュ

ニケーション・可視化」というスキルセットが求められる。

3点セットと考えてほしい。プログラミングや情報処理だけができるというのでは、データを処理したり、頼まれたデータを抽出したりという陰の存在になり、いわばデータ労働者のような立場にもなりかねない。とても大事な作業をしているにもかかわらず、コミュニケーション能力が高い人ばかりが目立ってしまう。だから、この3つのスキルをすべて持っている必要がある。

コミュニケーションばかりがうまくても仕事にならないが、コミュニケーション能力は絶対に必要となる。

何度となくクライアントと打ち合わせを重ねながら必要なデータを集めて、相手が求めていることにしっかりと応《こた》えなければならないからだ。

いかに相手に納得してもらうか、といった部分では、状況や結果を可視化して示すことも大切になる。

そこまで考えたなら、どれか1つ突出しているだけでは十分ではなく、どれか1つでも欠けていたなら優秀なデータサイエンティストになれないのがわかるのではないか。

それだけ価値ある仕事を任されるプロフェッショナルだということである。

もちろん、適性があるかないかは実際にやってみなければわからない面はある。向いていないだろうと思っていた人に意外と適性があったり、向いているだろうと思っていた人にまったく適性がなかったりすることは珍しくない。若い人はとくにそうだが、失敗をおそれずチャレンジするのもいいのではないだろうか。

その場合、石の上に3年などといった旧来の考え方に縛られることはない。半年くらいやってみれば、適性があるかないかは判断できるものなので、合わないと思ったらすぐに別の道を探すのもいいと思う。

データサイエンティストへの転身の道は?

専門的な知識が必要とされるデータサイエンティストなどは、早くから特化した教育を受けておかなければならないイメージがあるかもしれないが、必ずしもそういうわけではない。文系の高校や大学を出てすでに社会人になっているような人でも、必要な知識や技術は身につけられる。

たとえばアメリカのガルバナイズ（Galvanize）は、３カ月の集中講座でデータサイエンティストを育成するブートキャンプを展開している。

これは私が実際にサンフランシスコのガルバナイズキャンパスに足を運んで担当者と話して確認したことなのだが、当時はＩＢＭやアクセンチュアといった企業が自社のデータサイエンティストやエンジニアを派遣して授業を行っていたこともあり、これらの企業がブートキャンプの卒業生を採用するケースも多かった。２０１９年の情報によると、ソフトウェアエンジニアに関しては卒業後１８０日以内に仕事が決まった人の割合が79％、データサイエンティストは68％となっている。(54)

入学前は年収４万〜５万ドルくらいだった人たちの年収が卒業後は９万５０００ドルという実績も示されている。

このブートキャンプの受講料は２００万円ほどだが、それくらいの投資は1年もかからず取り返すことができる。それどころか、かなりのお釣りがくる場合がほとんどになる。

また、後ほど紹介するラムダ・スクールのように、仕事が見つかるまでは受講料が無料というオプションもある。

弊社のデータサイエンティストにもガルバナイズの出身者はいる。大学院で物理学修士号を取得したあと、物理学を研究していても収入につなげにくいと考え、ブートキャンプを受講したあと入社したのだ。

「MOOC先進国」といえるアメリカのオンライン教育は発達している。次章のケーススタディでも紹介するが、プログラムを修了すれば学位が取得できる大学などもある。

アメリカのMOOCのなかには日本語で受けられるものも出てきているが、英語ができるなら、それだけで強みとなる。自分に合ったブートキャンプやMOOCを受講することが可能になるからだ。

それによってスキルを身につけ、修了証明書を得られたなら、早い段階から高収入を得られる可能性も高くなる。

日本でAI人材への転身を考える場合に難しい面もあるのは否定できない。最初から最先端の開発を行うAI開発会社に入るのはデータサイエンティストやAIビジネスデザイナー（またはそれに準ずる職種）でない限りなかなか難しいだろう。そうした場合、小さな会社に入るなどして少しずつ経験を積みながらステップアップしていく道もある。

リカレント教育とキャリアデザイン

ビジネスパーソンとしてやっていた人がデータサイエンティストに転身する場合は20代、30代の人が多い印象もあるのではないかと思う。実際にそういう傾向はあるとしても、それより上の年代では無理だというわけではない。

雇用が流動化してきたこともあり、日本でも「リカレント教育」は見直されている。

リカレント教育とは基礎教育を終えて社会人になってからも学び直して、それを新たな就労につなげていく考え方にもとづく教育のこと。人生100年時代といわれるようになったなかで政府がそこに目を向けるようになったのが2018年あたりなので、2018年が「リカレント教育元年」だともいわれている。

キャリアデザインをするにあたって、年齢を問われない時代になっている。

転身を考えるのであれば、その段階における知識よりもむしろ、仕事に向き合う姿勢などのほうが問われる。

日本でもオンライン講座は増えはじめている。今後は授業内容なども充実していき、就職率でも実績をあげる機関が出てくることが期待される。

AI開発に必要なデータとは?

データサイエンティストが実際に行う仕事についても見ていきたい。

ＡＩシステムを導入するため、必要なデータを見定めて、そのデータを解析するところから作業は始まる。

ＡＩ開発会社に開発を依頼してくるユーザー企業の側では、「ＡＩを導入するためには、自分たちのほうでデータを用意する必要があるのだろう」、「データを揃えるまでは依頼できないのではないか」と考える経営者や担当者も多くなっている。

その考え方は半分正しく、半分正しくない。

データがなければ分析やモデル開発はできないが、依頼者の側で「これだけデータがあればいいのだろう」と集めたデータが役立つとは限らない。依頼主が自分たちで1年かけてデータを集めて整理したとしても、不足しているデータがあったり、膨大なデータがあっても使いにくい状態になったりしている場合も少なくない。

そうならないようにするためには、プロジェクトを立ち上げる最初の段階から「どのようなデータをどのような形式で集めればいいいか」を確認しておく必要がある。**データサイエンティストはその段階から立ち会い、ゴールを見据えた逆算的なアプローチでデータを収集できるようにアドバイスしていく。**

ユーザー企業の担当者などはデータに関して、とにかく量ばかりを重視しがちだが、それも誤解だ。有効なデータであれば、量が問われないこともあるし、アナログなものでも構わないこともある。

「特徴量」を見つけられるか

少し実例を挙げておきたい。

弊社では、ある有料アプリのサイトを運営している企業からＡＩ診断の依頼を受けたことがあった。「有料会員の離脱を抑えたい」というのが目的だった。

このときサンプルとして渡されたデータは３カ月分だった。少ないのではないかと思われるかもしれないが、傾向の分析には十分なものと判断できた。

そのデータを、解約したユーザーと有料会員として残っているユーザーに分けて、両者のあいだにどのような差があるかを探していった。

そこに見られる**特徴を数値化したものを「特徴量」**という。

ユーザーごとの動きの違いは無限にある。そのなかから「有料会員の離脱を抑えたい」という依頼者の目的をかなえるのに有効となるポイントを見つけ出す。それもまたデータサイエンティストの重要な役割となる。

ある程度、「仮説設定」ができるほうが何を特徴量とすべきかを見つけやすいので、ビジネスセンスとデータセンスが問われる部分といえる。

こうした依頼に応えられるかどうかはデータサイエンティストの力量に左右されるところが大きいのがわかるのではないだろうか。

データサイエンティストという職種に就くことはできたとしても、有能なデータサイエンティストになれるかどうかはわからない。

そこにおいては資質や経験が問われてくる。

このときのケースでは、データを分析していくことによって、解約するユーザーと解約しないユーザーではある種の行動の違いがあるのがわかった。それについては書けないが、そこで見つけた特徴量にもとづいて分析を進めていく。

その結果として、「ユーザーごとに1カ月以内に解約する可能性が何%なのかを算出するAI」、「1週間以内に解約する可能性を算出するAI」、「1日以内に解約する可能性を算出するAI」、「数分後に解約する可能性を算出するAI」を開発できるということをクライアントに提示した。

すべてを算出するAIを開発することもできるが、それでは費用と時間がかかる。「解約をふせぐためにどういう手を打てばいいか」を考えるのは次の段階の話になる。それともリンクして、どのAIを導入するのがいいかを決めてもらう。その決定に合わせたAIを完成させるため、さらに詳細なデータ解析を進めていくことになる。

AI開発とはそういうものであり、データサイエンティストはこうした道筋をつくりだしていく仕事でもある。単調な作業ばかりが繰り返されるわけではない。

POINT

□データサイエンティストやエンジニアなど、職種ごとに役割は異なる

□優秀なデータサイエンティストになるためには必要なスキルセットがある。「プログラミング・情報処理」、「数学・統計学」、「コミュニケーション・可視化」の3点セットだ

□何を「特徴量」とすべきかを見つけるのもデータサイエンティストの役割となる

育成が急務となっている
ＡＩビジネスデザイナー

ビジネスの構想設計をするデザイナー

プロジェクトの立ち上げ段階から重要な役割を担うのが**「ＡＩビジネスデザイナー」**だ。クライアントや企画者とデータサイエンティストをつなぐ場所に位置する。私自身も職種はＡＩビジネスデザイナーになる。会社によっては別の名称が使われているケースもあり、データマーケター、ＡＩプランナー、ＡＩプロジェクトマネージャー、などの仕事と類似するところもあると思われる。しかし、実際に行う作業としてはビジネスデザインという言葉が一番しっくりくると思う。先述のＡＩシナジストとの違いは、ＡＩシナジストはとくにこれといった役職をさすのではなく、今いる自分のポジション（業界と職種）で

ＡＩを組み合わせて相乗効果を生み出せるポテンシャルの高い人材をさすのに対し、ＡＩビジネスデザイナー（またはそれに準ずる役職）はＩＴ業界などＡＩ開発を主に事業として行う企業、またはインハウスでＤＸやＡＩ導入に関する経営企画を行う部署に必要とされる、ＡＩを使ってビジネスの課題解決をすることと、そこまでの推進をフルタイムで行う人をさす。

日本でデザインというと、雑誌やポスター、家具やインテリアなど有形のデザインが想像されやすいのだろう。

ここでいうデザインとは広い意味での「構想設計」だ。

アップル社の最初のマウスをデザインしたことでも知られる世界的なイノベーションファームであるアイディオ（ＩＤＥＯ）は、**「ビジネスデザイナーとは企業課題とユーザー課題を理解して、関連性の高い情報を集めて解釈しイノベーティブソリューションを創り出す職業」**と定義している。[55] ビジネスデザインの仕事は、ビジネス思想家やアナリスト、戦略家といった専門家が使うフレームワークにデザインの手法や考え方を掛け合わせて行う。ビジネスデザイナーは、ビジネスモデルのあらゆる要素が顧客体験へどのように影響するかを常に考えるのが役目であるが、その際には既存のフレームワークのように型にはまったものではなく、イノベーティブな考え方をしても良いとされている。大切なのは「人（顧客）」に焦点を当てることだ。まずはオープンマインドな見方からはじめて、顧客にとって重要だと思われるモノやコトを洗い出したなら、今度はアナリストの視点からそれらを分析し、ビジネスへ落とし込む。このように、ビジネスデザインというのは、単にビジネスモデルの収益性を検証することではなく、「人々のニーズを解決すること」と「利益を生み出すこと」を両立させながらビジネスの目的を達成するイノベーティブな方法を検証してゆくことだ[56]。

ＡＩビジネスデザイナーは、その仕事をＡＩを軸にして行うことになる。

自分でプログラミングなどはできなくてもいいが、ＡＩの概念をしっかりと理解しているうえで経営戦略やビジネスモデルを練っていく必要がある。

０から１を生み出す構想設計と、１のものを１００にする構想設計の双方が求められる。両者に求められるスキルは違うので、広範なスキルが必要となる。

抽象的思考能力と具体的思考能力のどちらも求められるということだ。

ユーザーの立場からプロダクトを考え、それをクライアントとデータサイエンティストの双方に伝えていかなければならないので、**コミュニケーションやストーリーテリングの力も大切**になる。

資質が問われる部分もあるが、エクササイズで鍛えられる面もある。

求められるスキルは多く、ＡＩ時代のビジネスを左右する大事なポジションである。

企業に最も必要とされるAI人材

データサイエンティスト10人に対してＡＩビジネスデザイナーを1人育てるくらいにしないと、ＡＩビジネスはうまく展開していかない。

経営にインパクトを与えるＡＩビジネスを生み出していくためには、プロジェクトを指揮するＡＩビジネスデザイナーは絶対に必要とされる。例えば先日、大手の通信会社の人と話していたときのこと。その人は社内のＤＸ推進室で働いており、数十人のデータサイエンティストを抱えている。仕事の内容としては、社内のさまざまな課題抽出を行い、仮説検証やPoC（コンセプト実証）を推進室で行い事業化することだが、この作業を行う人が圧倒的に足りないと嘆いていた。「データサイエンティストは十分にいるのですが、プロジェクト化して動かす人が足りない」と言っており、その言葉に私も共感せざるを得なかった。

２０１９年に政府の統合イノベーション戦略推進会議は、ＡＩを活用できる人材を年間25万人育成していくとする戦略案を公表し、データサイエンスやＡＩに関する知識は「読み・書き・そろばん」に当たる素養になると規定した。そういう意識を持つのはいいとしても、機械学習モデルが作れるような技術者だけを育成していても現場のプロジェクトは回っていかない。そのあたりがしっかりと理解されているのかどうか……。現場で仕事をしていて危機感が持たれる部分である。

データサイエンティストやエンジニアは増えていても、ＡＩビジネスデザイナーは圧倒的に足りていない。

今後、３〜５年といったスパンで考えたなら、ＡＩビジネスデザイナーは日本の企業で最も必要とされるＡＩ人材の１つになってくる。

ＡＩビジネスをやりたいと考えている人は、そういう現実もふまえたうえで、自分の適性に合わせて進む道を考えてほしい。

アメリカの会社では、ＡＩビジネスデザイナーというポジションがなくても、その役割を果たしている人間がいる場合が多い。経営企画部やＤＸ推進室、ＩＴ企画室などに所属しながら、社内のさまざまな事業課題を抽出して技術課題に置き換え、優先順位をつけながらビジネスデザインをしている人たちがいる。

こうした場合、そのポジションに就く人物は、経営コンサルタントでありマーケッターでありエンジニアでもあるのが理想といえる。データサイエンティストを束ねて事業化する力、PoCを回す力も必要とされるのだから責任は重い。

ＡＩビジネスデザイナーに求められるスキル

誰でもＡＩビジネスデザイナーのような仕事ができるかというと、一朝一夕になれるわけではないが、以下のようなスキルを身につければより可能性が高くなる。

必須スキルとしては次の5点が挙げられる。

①ＡＩ知識――ＡＩやデータ活用に関する基本的な知識を有し、ビジネスに落とし込む

能力

②課題抽出――自社事業部、あるいはクライアントの経営課題を抽出して、どこから改善していくかの優先順位をつける能力

③PoC、現場共感型AIのデザイン――適切なPoCプロジェクト、また、現場共感型AIを設計する能力

④プロジェクト実行力――データを収集してデータサイエンティストと連携してプロジェクトを回していく能力

⑤コミュニケーション――エンジニア、事業部スタッフ、経営陣などと幅広くコミュニケーションを取り、必要な情報をしっかりと伝える能力

最初からこうしたスキルがそなえられていればいうことはないが、足りない部分はトレーニングで補っていける。

まだ実際のスタートは切っていないが、パロアルトインサイトでは、AIビジネスデザイナーを育成するブートキャンプを企業向けに開催することも検討している。

もし、実際に開催する場合には、ここに挙げたスキルを段階的に伸ばしていくためのス

ケジュールを組むことになるだろう。

①から④までの能力については、講義と実習、疑似プロジェクトなどで伸ばしていけると考えている。⑤のコミュニケーション能力を伸ばすには、定期的なディスカッションやSlack（スラック、グループチャットなどに使われるコミュニケーションツール）による情報交換、疑似プレゼンなどが有効となる。「事業部やステークホルダーへのヒアリング実習」なども大切だが、それぞれにオンラインでも行える。

段階的に進めていくが、第1段階としてはＡＩ技術とコミュニケーションに関する講義から始めていくことになる。それだけ時間をかけていきたい部分だからだ。

ＡＩビジネスデザイナーの場合、プログラミングまでやれるようになる必要はないと書いたが、ＡＩの基礎知識は吸収しておく必要がある。また、ビジネスの現場でＡＩがどのように導入、活用されているかを広く見ておくことも大切だ。

③に挙げた**「現場共感型ＡＩ」**は重要なキーワードである。

現場を無視してロジックを先行させたワンサイズ・フィッツ・オール型のＡＩモデルを提示していくのは時代遅れといえる。

既成のプログラムで間に合わせるのではなく、現場の声に合わせたＡＩモデルをひとつひとつのプロジェクトに合わせて作っていく必要があるということだ。それを考えるのがAIビジネスデザイナーの主要な役割といえる。

「現場共感型AI」と構想設計の順序

「現場共感型AI」とはどういうものか?

実例を挙げて紹介したい。

弊社では、ダイセーロジスティクスという物流企業の配車用AIを設計したことがある。この会社には従来、配車の担当者がいた。「どの運転手にどういう順番で荷物を配達してもらうか」を決めていく役割である。その際、効率を重視しながらも、運転手の経験や過去の労務内容、疲労度なども考慮しながら分担を決めていく。手作業によるカルタ取りのようなドラッグアンドドロップで、毎日3、4時間かけて配車ルートを考えていたのだそうだ。

その作業をAIで行えるようにするシステムを開発した。こうした場合、単にトラックごとの移動距離を最小化するという効率を追求するのではなく、配車担当者の現場感覚も尊重する必要があった。この背景には、パロアルトインサイトと組む前に配車自動プログラムを導入して失敗していたという経験があった。移動距離を最小にすることだけを目的とした配車プログラムが算出するルートは、どれも配車担当者の目からみたら「現実的なルート」ではなかったのだ。納品先の細かい指定条件（毎週月曜日は午前8時までに納品、毎週金曜日は裏出口からのみ納品など）や運転手の属人的な条件をマスター管理情報として入れ続けない限りは、現実的なルートの組み合わせが算出できない。**データだけでプログラムを組めると考えていると、クライアントが求めるようなAIモデルは決して作れない。だから、我々は配車担当者が過去に行ってきた配車結果をAIに学ばせるように、現場の最適解を学ぶAIを提案、開発することで問題解決することに成功した。**

このときのプロジェクトKPIはAIによる決定を絶対的なものとしないで、それまで手作業で割当をしていた担当者によるアクセプタンスレート（担当者が目視でチェックしてOKかどうかを判断する合格率の受諾レート）を取り入れた。また、この配車担当者には学習データ作りを行うAIトレーナーになってもらい、これまでずっと現場でこの仕事を担当してきた目から見たAIモデルの改善点などを指摘してもらうようにした。

この人は当初、「AIを導入すれば自分の仕事がなくなるのではないか」と危惧していたようだが、以前にも劣らない重要な役割を得てモチベーションを高くしている。

このＡＩ導入では、作業時間が効率化できただけでなく、副次的効果として現場、経営層それぞれのマインドセットに変化があらわれた。

波及効果は大きく、この後には総合ＡＩ配車センターをつくるなどして、物流デジタルカンパニーとして運営されるようになっていったのである。


現場共感型ＡＩとはどのように作られるのだろうか。そこには、ＵＸデザインなどの根本的な理念になっている、エンドユーザー（現場の人）を観察して、ペインポイントを理解する共感姿勢が重要なポイントとして挙げられる。

①現場での作業フローをよく観察する
②現場の人が大事なエンドユーザーだと理解しておく
③現場の人の気持ちや考えを決して軽視しない
④「導入の壁」と「定着の壁」を最小にする

この4点を満たしたものが「現場共感型AI」だと考えている。

技術に関するHowの視点だけで話をしていては、技術課題を解決するという領域を超えた改革はできないということも理解しておいたほうがいい。

それより上流工程の**WhyやWhatから考えていく必要**がある。

「何のためにどうしてAIを導入したいのか?」という部分から話をしていき(=Why)、まず課題抽出をしていく。

その際には技術課題ではなく**経営課題を焦点**としなければならない。

クライアントと打ち合わせを重ねるなかで複数の経営課題が見つかったなら、どの課題にAI導入をすべきかという話をして、そこからどういうプロダクトにするかを考える(=What)。

そこでようやくどのような技術を使うかの話をしていく(=How)。

この順番を意識しないで全体像を摑まないままプロジェクトをスタートさせてしまうと、失敗する可能性が高くなる。

どんなプロジェクトでも、1つのソフトウェアやシステムを導入すればそれで終わりになるわけではない。そこから将来的なビジョン設計をしていくことになる。そういう部分までを考えていくのがＡＩビジネスデザイナーの役割になる。

現場の作業は地味で泥臭い

ＡＩ開発の現場をもう少し紹介しておきたい。

電子部品の開発、製造などを行う、京都に本社があるＪＯＨＮＡＮという会社から「製品検査の効率化ができないか」という相談を受けたことがある。

多品種少量のニーズに応えるために、注文に合わせたさまざまな電子部品を作っている会社なので、最後の目視検査にはかなりの人件費がかかってしまうということだった。

ＡＩで画像認識するにしても、とにかく商品数が多いうえにひとつひとつの画像サンプルが少ないので機械学習をさせるにはデータの数が少なすぎた。

ある部品を画像認識できるモデルを作っても、別の部品の画像認識には使えない。そういう課題を抱えながら製造現場の見学を続けて、どうするべきかを考えた。

かなり大きく立体的な部品も作られていたが、そういう部品については機械学習に必要なデータを集めるのが難しい。

そこでまずは凹凸があまり激しくない部品からサンプルにすることにした。さまざまな部品の目視検査をするうえで共通項になりやすい部品に絞って機械学習を始めていくことにしたのである。


このときにはデータサイエンティストの自宅に仮想現場を作って、サンプルとする部品を工程の中でどのような角度から撮影するのがいいかも考えた。

AIを導入する際には、作業の8〜9割がデータの収集とクレンジングになる。[57]作業する人間が誰もしゃべらなくなるほど地味な作業の積み重ねである。AI開発の現場は、一般の人がイメージするよりははるかに泥臭い。

「AIは人間を超えない」ともいわれている。人間のこうした作業があって生まれているのがAIなのだからそれも当然だといえる。

データサイエンティストは「どのようにAIモデルを開発していくか」を考えて、こうした作業をしていく必要もある。一方でAIビジネスデザイナーは開発現場のことをよく理解しておき、「どんな作業を行うことにより何ができるようになるか」をクライアントに伝えていく。そういうやりとりの中で着地点を見つけていくわけだ。

ＡＩビジネスデザイナーとデータサイエンティストは、ぴったりと息を合わせられる「チーム」になる必要がある。

どこにＡＩを導入するかという選択

会社としてＡＩを導入することを決めても、一度に実現させられる部分は限られる。

「どの分野にＡＩを導入するのがいいか」という選択は非常に重要になってくる。

その選択を見誤ってしまうと、ＡＩを導入した意味は薄れ、プロジェクトそのものが失敗に終わる可能性も高くなる。

スタートラインにおいて、クライアントとＡＩビジネスデザイナーでしっかりと考え方を一致させておきたい部分といえる。

たとえば、皆さんにも馴染《なじ》み深いだろう不二家《ふじや》には、洋菓子事業と菓子事業がある。売上高の構成比で見れば、祖業である洋菓子事業が全体の2割強になるが、10年以上、赤字が続いている。カントリーマアムやミルキーなどの製造・販売を行っている菓子事業は全体の約7割を占めており黒字だ[58]。

ＡＩ導入の相談を受けた弊社は果たしてどちらの部門でＡＩを導入することになったのか？

皆さんにも頭を悩ませてもらいたいところだが……。

結論からいえば、赤字だった洋菓子事業に決まった。

店舗ごとの発注量や販売動向、顧客の属性などのデータを整理することから着手している。天気などのデータも加えてＡＩに分析させ、「どの商品がどのような条件でどの店舗で売れているか」の傾向を探ることにしたのだ。商品ごとに細かく出荷量を予測できれば、適切なライン編成や人員配置、材料の調達が可能になる。

それにより生産コストを下げて廃棄ロスを抑えることを考えた。第2章で書いた老舗食品メーカーとは不二家のことだ。

こうした選択はアフターコロナのＤＸ、ＡＩ導入を成功させるためのカギを握るものだといえる。

成長事業に強化型ＡＩを導入して強化する方法もあるが、**苦境にあっては、赤字事業を黒字に転じさせて出血を止めることを優先すべき**とも考えられる。

ＡＩ導入を決めて、最初のプロジェクトからつまずきたくないということもある。**小さな改善が意味を持ちやすいエリアでＡＩを導入すれば、失敗にはなりにくい。**98％うまくいっているエリアで新しいことをやって99％になったとしても評価はさほど変わらないが、赤字の事業を少しずつでも改善していけたなら評価は得られやすい。リスクが小さいところで効果を最大化していくことを狙うのも戦略である。

最終的に判断するのはクライアントになるが、ＡＩビジネスデザイナーはこうしたプロジェクトの選定や優先順位付けなどの構想設計にも関わることになる。

最初にやっておく「プレAI診断」と「倫理性の検証」

パロアルトインサイトがＡＩ導入の相談を受けた際には担当者へのヒアリングを繰り返し、抽出された経営課題のうちどこにＡＩを導入するのが最も適しているかを決めるために「プレＡＩ診断」を行う。

その際には独自に開発した**「ＦＯＭＥ分析フレームワーク」**で算出する数値が判断材料になる。ＦＯＭＥとは「実現可能性（Feasibility）」、「応用性（Opportunity）」、「検証可能性（Measurability）」、「倫理性（Ethics）」の頭文字を取ったものだ。

「実現可能性」は言葉どおりの意味を持つ。ＡＩを導入することによって実現したいテーマがあったとき、そのために必要なデータがあるかを確認し、目的を達成できるかどうかを考える。そこで使われるデータのなかに第三者機関に依存するものがあったりすれば継続性が高くないので数値は下がる。

開発しようとしているシステムがどのくらい複雑なものになるのか、そのシステムを導入するインターフェースはどのようなものになるのか（たとえばiPadアプリのようなものになるのか）といったことを確認しておく。それによって作業時間や必要な予算も変わってくるからだ。

「応用性」では、拡張展開性がどのくらいあるかを考える。他の部署にも展開できるか、外販はできるか。外販するなら市場規模はどうなるかといったことを検証する。

横展開の可能性を探るだけでなく、段階的な導入と考えた場合にこのプロジェクトはどういう位置づけになるのかも確認する。ステップ１だとするなら、ステップ５ではどうなるかといったことも想定しておく。

「検証可能性」というのは、そのプロジェクトを進めた場合、検証はどうなるかについてだ。ＡＩプロジェクトはサイエンスプロジェクトにも通じるところがあり、導入のビフォーアフターでＡＢテストなどをしていく必要がある。それによりどの程度の効果が出ているかを確かめる。その検証作業をどのように行うか？　有効な検証ができるのか？そこでどのくらいの費用がかかるかといったことを見積もる。

「倫理性」も言葉どおりで、そのプロジェクトに倫理面の問題がないかの考察である。

倫理性の検証を欠いていると、あとから社会問題などにも発展しかねない。そうならないようにするためにも「ＡＩを開発する目的」や「対象となるエンドユーザー、ステークホルダーは誰になるのか」といった部分はしっかりと確認しておかなければならない。

そのＡＩシステムを「悪用する人はいないか？」も検証し、可能性があるなら、それを阻止するためにはどういう技術が必要になるかまでを考えておく。

「ケンブリッジ・アナリティカ問題」と「リクナビ問題」

倫理性の検証は、非常に重要な意味を持つ。

ＡＩの利用方法に問題がなかったかということが問われた最大のスキャンダルとしては**「ケンブリッジ・アナリティカ問題」**が挙げられる。

２０１６年のアメリカ大統領選挙とイギリスのＥＵ離脱国民投票で、トランプ陣営とＥＵ離脱派の支持についたケンブリッジ・アナリティカ社が「トランプ当選」、「ＥＵ離脱決定」という衝撃の結果をもたらしたともいわれる一件である。

社員の内部告発から明らかになったことで、「膨大なデータを不正入手して悪用していたのではないか」という点が問題にされた。

このときにはフェイスブックの個人データも利用されており、その管理について非難されたフェイスブックは連邦議会の追及を受けている。その結果、フェイスブックは、個人情報の管理に不備があったとして米連邦取引委員会から**50億ドルの制裁金**を科せられた。日本円に換算すれば５０００億円を超える金額である。

ケンブリッジ・アナリティカ問題ほどの注目を集めたわけではないが、日本でも2019年には**「リクナビ問題」**があった。就職情報サイト「リクナビ」を運営するリクルートキャリアが就活学生の内定辞退率を企業に販売していたのが明らかになった1件である。

このときは学生の同意を得ないで関連データを販売したことが個人情報保護法に触れるとされたが、問題とすべきはその点だけではない。

この問題は、企業側が過去の内定辞退者のデータを委託契約というかたちでリクルートと共有したことから起きている。リクルート側はその行動パターンをAIの技術を使って分析することで内定辞退率を算出していたのである。

「企業側が個人情報を渡していたこと」、「リクルート側がその情報を使ってデータ解析していたこと」も問題となってくる。たとえ分析できるデータがあったとしても、作業を進めるべきではない場合もあるからだ。

このケースなどは、100%の精度があるとは考えにくい予測値が、就活学生の合否に影響を及ぼしかねない。そうであるなら、システムの開発そのものを取りやめるべきだったという見方もできる。

「人の人生を左右しかねないＡＩを作っていいのか」、「そのシステムを使っていいのか」ということに関しては、発注者も開発者も慎重でなければならない。

パロアルトインサイトでもプライバシーの問題などは非常に優先順位を高めて取り扱っており、先ほど述べたＦＯＭＥ分析フレームワークで倫理的に問題がある課題はプロジェクト化をしないようにするだけではなく、セキュリティやプライバシーの観点からデータの取り扱いに関しては非常に気を遣っている。どんなデータでも受け取ってしまうわけではなく、解析と目的達成のために必要だと考えられないデータは最初から受け取らないように意識している。

作る側と発注する側のリテラシーが同じレベルでなければ、リスク回避が難しくなる。

どちらの側にいても意識を高くしておく必要があるということだ。

システム開発とデータ保護

グーグルでは、米国防総省とのＡＩ開発プロジェクトに関連して、「自分たちが開発したＡＩがドローンなどの武器に使われる可能性がある」として、社員が署名活動を行い、プロジェクトを止めたこともある。

「技術的に開発可能なことでも倫理的に考えて問題はないか？」
「自分たちが開発したＡＩがその後、どのように使われる可能性があるか？」

こうした部分については、クライアントに提示する以前の問題として、開発する側の人間が主体的に考えておかなければならないことだ。

ＡＩ人材を目指すのであれば、そういう要素をはらんだ仕事だということも認識しておく必要がある。

「倫理性」の問題についての解説が長くなったが、見逃されがちでありながら、よく考えなければならない部分である。

フェイスブックで「いいね」をすれば、それが情報ビジネスに活用されるということはすでに書いている。こうしたことからもわかるように、日本の消費者もすでに自分たちの情報が商品とされている。

こうした状況の危険性については慶應義塾大学教授であり慶應義塾大学グローバルリサーチインスティテュート副所長の山本龍彦《やまもとたつひこ》先生がさまざまなところで訴えられている。山本先生は**「日本のデータ保護は過少かつ過剰」**という言い方をされている。

本来、守らなければならない情報に対する規律は過少であり、守らなくてもよいものを過剰に守っているということだ。

パロアルトインサイトではAI導入を検証する際、独自に開発した「FOME分析フレームワーク」を使っているが、一般的なフレームワークとしては**「データの5V」**というものもある。この場合は「データの量（Volume）」、「データの種類（Variety）」、「データを収集するのに要する時間やアップデートの頻度（Velocity）」、「データの正確性（Veracity）」、「その価値（Value）」の5つがポイントになる。

AIビジネスデザイナーはこうした分析フレームワークを使いながら、AIプロジェクトの絞り込み、優先順位付け、倫理性の検証などをおろそかにしてはならない。

「定着の壁」とUXデザイン

UXデザイナー、UIデザイナーについても簡単に解説しておく。

「現場共感型AI」の解説のところでも触れたように、AIの導入現場には「導入の壁」と「定着の壁」がある。

開発側の人間は、開発ができればそれでいいとも考えがちだが、「現場の感覚に合わない」といったことからシステムが使われないケースも出てくる。そうならないように乗り越えなければならないのが、導入の壁であり定着の壁である。

そのために考えたい1つに**UXデザイン**がある。

UXとはUser Experienceの略で、直訳すれば「ユーザー体験」となる。

ユーザーに、より良い体験を与えられるように考えるのがUXデザインで、その部分を受け持つのが「UXデザイナー」となる。一言で言えば、UXデザインとは「モノのデザイン」ではなく、「コトのデザイン」だ。ユーザーが何かのサービスを利用しようとする際、迷わず快適に利用できるように考えるのがUXデザイナーの仕事である。このサイトはどこに何が書かれているかわからない、このアプリは使いにくい、といったマイナス部分を取り払う作業などをしていく。

UIデザインも役割は近い。

UIはUser Interfaceの略。単にインターフェースといえばパソコンと周辺機器の接続部分などを指す場合が多いが、ユーザーインターフェースという言い方をしたときには「使い勝手」というような意味合いになる。

わかりやすい例でいえば、スイッチの配置だけでも使い勝手が違ってくる。画面上の位置などでもそうだ。こうした部分も含めて、できるだけ使い勝手のいいデザインを考えるのがUIデザインであり、それをやるのが「UIデザイナー」だ。

UXデザイナーが行うべき仕事のうちインターフェース部分を受け持つのがUIデザイナーだという分け方もできる。

UXデザイナー（UIデザイナー）にもクライアントとの打ち合わせ段階から参加してもらうのが理想であり、弊社でもできるだけそうしている。

AIビジネスデザイナー、データサイエンティスト、UXデザイナーと、それぞれにクライアントや現場の人間としっかり向き合い、導入の壁、定着の壁を乗り越えていくことになる。

「ポートフォリオキャリア」という選択

ＡＩ人材を職種ごとに解説してきたが、ＡＩとの関わり方はさまざまだ。最近は**「ポートフォリオキャリア」**と呼ばれる人も増えてきた。

複数の肩書き（仕事）を持ったキャリア形成をしている人たちのことだ。日本では、本業のほかに仕事を持つことを「副業」、本業といえる仕事を複数持つことを「複業」として漢字を使い分けるようになっているとも聞く。その分類に合わせるなら複業といえる。

大学教授でありながらデータサイエンティストとしての仕事をこなしているような例もある。

キャリアデザインというと、これまでは転職や旧来の意での副業、あるいは週末起業などが思い浮かべられやすかったはずだが、今は選択肢が広がった。

転職などはしないで、企業に属したままＡＩシナジストになることやポートフォリオキャリアを考えることもできる。

ＡＩを学んでおくことによって、そうした選択の幅を広げていけるのである。

POINT

□ＡＩビジネスデザイナーには「①ＡＩ知識」、「②課題抽出」、「③PoC、現場共感型ＡＩのデザイン」、「④プロジェクト実行力」、「⑤コミュニケーション」という５つのスキルが求められる

□「現場共感型ＡＩ」にしてこそプロジェクトの可能性が広がる

□「定着の壁」を乗り越えるにはＵＸデザイン、ＵＩデザインも重要になる

第5章

ゼロからの「転向」に成功した人たち

——私はこうしてＡＩ人材になりました

CASE STUDY 1

非ＩＴ企業の人事部でＡＩプロジェクトを先導！

このままでは取り残される……

皆さんにとっても身近に感じられやすいはずの日本のビジネスパーソンの実例を紹介しておきたい。ユーザー企業の社員としてＡＩプロジェクトを動かした人たちだ。

最初に紹介するのは大手製造業勤務の東野純也《ひがしのじゅんや》さん、32歳。

２０１２年の入社後、人事部に配属され、５年後には海外トレーニー制度による１年間の海外出向を経験している。人事部に戻ったあと、社内、社外のＡＩ活用状況を調査することになったのだという。２０１９年からは私たちパロアルトインサイトとＡＩシステム導入を進めることになり、そのプロジェクトマネージャーになっている。

今回、あらためて当時の状況を聞くと、次のように答えてくれた。

「社内でＡＩに詳しい人たちは技術分野に特化していて、人事部などにはそういう人材はいなかったんです。ＡＩの活用状況を調査しはじめたのは、若手社員の勉強目的のもので、数カ月くらいで終了する予定だったんですが、上司に経過を報告していく中で継続が決まったんです。自分の中でも主業務の１つと位置づけられるようになり、やがて社内でも情報共有をしてもらえるようになっていきました」

ユーザー企業においてＡＩとの関わり方はさまざまだ。正式に自分の業務に組み込んでいくためには、それなりの評価を得ていく必要がある。

東野さんにしても、スタート段階では勉強目的の調査活動だったのに、それが認められて、本格的なプロジェクトにすることができた。

能動的に動いたことで得られたポジションだといえる。

プロジェクト化していく中で意識の変化のようなものはあったのかを聞くと、次のように答えてくれた。

「自分もそうですが、勉強目的の頃から積極的にプロジェクトに関わった若手メンバーや、レポートラインであるグループリーダーは、**このまま何もしないでいては取り残されるという意識醸成**があった気がします。一方で、人事部として、あるいは会社として考えれば、そこまでの意識にはいたっていなかったと思います。今回、進めているＡＩシステム導入によって結果を出せれば、変わっていくのではないかと期待しています」

ユーザー企業社員としてのＡＩとの向き合い方

東野さんはこうも言う。

「ＡＩは万能ツールではなく、問題や課題を解決する手段の１つなんだと思います。**会社や部で抱えている課題を一番理解しているのは、ＡＩ開発会社の人たちではなく、社内の人間です。**やはり自分たちが、自分の業務とＡＩを掛け合わせる意味をしっかり理解していてこそ、ＡＩを導入する意味がある。外部のＡＩ開発会社に開発、導入を依頼する場合にも、**まず自分たちの意識を変えてから**だということになるんだと思います」

「他の企業のＡＩ導入について調べた点からいえば、人事関連では大手企業が休職者予測などといった部分での導入を検討しているようでした。それでも現状ではまだ部分的な導入しかできていないですね。本格的に導入しようとすれば、かなりの予算がかかるのがネックになっているんだと思います。ＥＳ調査（従業員満足度調査）の分析などでは、比較的安価で有用なパッケージを提供しているところもあり、それについては一部の会社で利用されるようになっていました」

現在も東野さんはＡＩ導入プロジェクトを進めているが、今後、どのような仕事をしていきたいかを尋ねてみると、次の言葉が返ってきた。

「人事分野におけるＡＩ活用は進めていきたいので、そのために自分自身が成長したいですね。今進めているプロジェクト以外の部分の課題も解決できるようにして、それを子会社、関連会社へも拡大していきたいです」

この言葉からわかるのは、転身や転職を考えているわけではなく、**自分が所属している場所でＡＩを活用し、その効果を最大化していくのを目標にしている**ということだ。

まさしくＡＩシナジストだといえる。

人事とＡＩの相性はいいのか、有効なシステムが導入しやすい分野だといえる。その意味でいえば人事にはＡＩシナジストが生まれやすい土壌があるのかもしれない。

ＡＩプロジェクトの動かし方、進め方

私に連絡をしてきてくれた最初の段階から東野さんは「ＡＩを使って何がしたいか」というイメージを具体的なものにできていた。ずいぶんと情報も収集していて、私のプレゼン資料なども読んで、その内容に共鳴してくれていたようだ。

パロアルトインサイトに連絡をしてきてくれた以前には別のＡＩ開発会社とも交渉をしていたそうで、その会社に勧められた既存のシステムを導入することには疑問を感じていたのだという。

そうした経緯があったため、システムに対する質問なども的確なものになっていた。

何がしたいのかというだけでなく、**「そのためにどれだけの予算をかけられるか」**といった点も最初から明確になっていた。

ＡＩシステムに関しては、できあがっている商品をカタログ販売している会社もなくはないが、多くの場合、商品購入で終わり、という単純な構図にはならない。

私たちの会社もそうであるように、相手の要望と予算に合わせて、何ができるかを考えて提案していく。そうである以上、東野さんのように目的や予算をはっきりと示してもらえたほうが話は進めていきやすい。

結局、東野さんの会社に対しては、まずPoCから始めて、そこからあらためて大規模なプロジェクトを進めていくことになった。

補足として記しておけば、東野さんとは直接、1度も会うことなく、Zoomミーティングを重ねるなどしてプロジェクトを進めている。プロジェクトを動かしはじめたのは新型コロナウィルスの感染が拡大する直前のことだった。

小さな額ではないプロジェクトであることを考えれば、対面することもなくその決断ができたのは特筆すべき点だともいえそうだ。Zoomミーティングには常に人事部長も参加されていたが、部長と東野さんのやりとりなどを見ていても、部長が信頼を寄せていることがわかった。

もう1点、東野さんの仕事ぶりですばらしかったのは、早い段階から「**どういうデータ**

が用意できるか」を一覧にして整理してくれていたことだ。

それができたのも、人事部内でのデータがどのように管理されているかを把握できていたからだと思う。それだけではなく、そのデータを外部に出していいかといった確認が取れていたことからは、法務部ともうまく連携できていたのがわかる。

こちらとしては非常に助けられた点だといえる。

こうしたプロジェクトを立ち上げる場合、使えるデータを整理していく段階でも、かなりの手間と時間を要するものだ。このときは開発を担当するデータサイエンティストたちも「ずいぶん助かりました」と喜んでいたほどだった。

「若さ」を武器にして摑みやすいチャンス!

プロジェクトを立ち上げるにあたっては次のような点を把握しておくことが重要になる。

・どんなデータが役に立つのか。実際にどんなデータを準備できるのか?

・そのデータは誰が担当していて、どんな形式でどのように保存されているか？
・そのデータを外部に提示していいか？
・新たにどんなデータを集められるか？

こうしたすべてを最初から把握できている人はあまりいないはずだ。

周囲の協力を得ながら必要な情報を集めていけたなら、それだけでも評価される。**社内的な情報収集力、政治力が問われ、それぞれの担当者といい関係をつくるコミュニケーション力も求められるところになる。**

大きな企業の中でＡＩシナジストを目指すなら、このような資質を持っていることが望ましい。

というよりも、そういう力を持っていることがマストの条件に近いといえる。

東野さんのプロフィール的な部分についてはほとんど知らないが、こうした部分も含めて能力の高さは最初から感じられていた。

東野さんくらいの年齢でこうしたプロジェクトを任されたなら、その経験は高く評価されやすいだけでなく、次にもつなげやすい。

キャリアデザインにも幅が出てくる。

ＡＩプロジェクトでは、大きな企業でも担当者には若い人が選ばれるケースが多い。ＡＩやＩＴといったことに関しては若い人のほうが対応しやすいと考えるトップが多いからだと想像される。実際にある社長からは「若くて優秀で将来有望な人間を担当に選んでおきました」と聞かされたこともある。

そういうポジションを任されたなら、その人にとっては大きなチャンスになる。

データサイエンティストやデザイナー、プログラマーなどを志すなら、それ相応の教育機関で学ぶべきことがあるが、ＡＩ活用をバネにキャリアアップをする**AIシナジストを目指すなら、必ずしもそうした機関に頼る必要はない。**

本やネットで情報を収集し、周辺の事例なども調査していく。そのうえで社内プロジェクトなどを動かせるポジションを得たいところだ。

POINT

□社内でAIプロジェクトを進めていくうえでは段階を踏んでいく必要がある

□AI開発会社と組む場合には目的や予算を明確に示せるようにしておきたい

□ユーザー企業でAIシナジストになるには、社内的な情報収集力や政治力も問われ、コミュニケーション力も重要となる

CASE STUDY 2

子会社への出向中にＡＩプロジェクトを立ち上げたベテラン経理マン

小さなところからスタートさせたプロジェクトを拡大！

この章でもう１人紹介したいビジネスパーソンは大手メーカー勤務の佐藤さん（仮名）だ。

佐藤さんは50代で、私と仕事をする少し前までは子会社の経理部門のバックグラウンドを務めていた。私の前著『いまこそ知りたいＡＩビジネス』を読まれていたことから連絡をしてきてくれた人だ。

若い人のほうが会社のＡＩプロジェクトをチャンスにつなげやすいといえるが、自分で動いていくことでチャンスを掴み取ったケースといえる。

佐藤さんの場合、**経理を担当している立場から見て、「製造工程に効率的ではない部分がある」と感じていたこと**がＡＩ導入を考えるきっかけになったようだ。

相談を受けた弊社は、佐藤さんのいた子会社へのＡＩ導入に向けたオペレーション設計から始めた。この段階では小規模のプロジェクトだったといえる。

その後に佐藤さんは、クロスファンクショナルチームをつくっていくことになる。**小さなところから始めて、次第に大きなプロジェクトにできていったケースである。**

そういうプロジェクトの発展のさせ方を佐藤さん自身がデザインできていたわけだ。

この功績が認められ、佐藤さんは現在、ＩＴ部門へ配置転換されている。社員のＩＴリテラシーを高めるためのプランニングも任されたというのだから、会社でのポジションはずいぶん上がったのだと想像される。

自分の所属している部内で自分の役割をしっかりと果たしていくのは会社における基本になるが、枠組にこだわりすぎていては大きなことはやれない。

経理部にいるから見えることやアクセスできるデータがあったとすれば、ＡＩと絡めてできることはないかと考えて会社全体のＤＸ戦略に落とし込む。

佐藤さんがやったように、そういうことを実現できたなら、そこからさまざまな展開が生まれていく。もちろん経理部に限らず、人事部でもマーケティング部でも営業部でも製造部門でも同じことだ。ミクロな枠組を越えてマクロに考え、戦略的に動いていってこそ、飛躍につながるキャリアデザインができていく。

未知なる分野にもチャレンジしてこそ変えられることがある

佐藤さんが仕事を始めた時代は会社のオフィスにパソコンもなかったのだそうだ。入社後、何年か経ってからＩＴ革命がおこり、**仕事のやり方が激変していく過程を経験**してきたのだという。１人に１台、パソコンが支給されるようになり、インターネットや携帯電話が一般にまで普及していったのは90年代後半からだ。それまでの連絡といえば、電話やファクスが主流で、仕事の打ち合わせなどはすべて対面で行っていた。

ビジネスに関する連絡を取る手段としてＥメールが主体になったことだけでも劇的な変

化だったといえる。やがてスマホが普及していき、外出先にいてもEメールが確認できるようになった。コロナ禍ではオンラインミーティングなども広く普及した。

40代、50代の人などからすれば、とにかく目まぐるしくビジネスツールが移り変わっていった四半世紀だと感じられていたことだろう。

AIを利用するといった発想ができるのは、20代、30代といった若い世代だけかと思われがちかもしれないが、そんなことはない。

佐藤さんのようにオフィスにパソコンもない時代を知っていて、変革のスピードを肌で味わったことがあるからこそ感じられることもあるはずだ。

新しいシステムなどが導入されたとき、すぐに順応するか、最後の最後まで戸惑っていながらギリギリのところでなんとか使えるようになるのか……。

完全に理解できているわけではなくても、なんとか順応していきたいのはもちろん、それ以上のチャレンジをしていく選択もある。

佐藤さんは数年前からAIやディープラーニングに関する本などを読むようになっていたのだそうだ。

得意分野でなくても苦手意識を持たず、自分なりに活用できる部分はないかと知識の吸収に取り組んでみる。そういう姿勢があるかどうかで差がついていく。

自分なりに独学もしていた佐藤さんは、機械学習にも使われるプログラミング言語の「Python（パイソン）」なども、ある程度、扱えるようになっているのだという。

「技術系の本とかは全然わからないんですけど、とりあえず読むようにしています」とも話していた。

ＩＴに詳しくない人は「プログラミング言語」などと聞けばそれだけで拒絶反応を起こしやすいのではないだろうか。実際は、少し勉強すれば、誰でも基礎くらいはわかるようになる。どんなものかと知ろうともしなければ、先の展開は生まれない。

「論より証拠」でまず行動！

佐藤さんの会社は歴史ある大企業なので、有能な人材も多いはずだが、佐藤さんのようなフットワークで動ける人は少ないのかもしれない。

何かのプロジェクトを立ち上げたいときには「事業化して予算を取るためには、どのようにプレゼンすればいいか」というところから考えはじめる人が多いのだろう。

しかし佐藤さんは、とにかく行動を起こして**「論より証拠」としていくべき**だと最初から考えていた。

「まず子会社でやれることを考え、そのシステムを本社にも導入したい」と相談されたときには、「そういうやり方をすると、二重に手間と予算がかかるかもしれません」と説明したが、佐藤さんは迷わなかった。

「本社に対して説得力を伴ったプロジェクトを提案するには段階が必要となるので、**子会社で実証したうえで本社に持ちかけたほうが遠回りではなく近道になるんです**」

佐藤さんはそういう言い方をしていた。

企業の中での動き方としては正しいものだったといえるのだろう。

最初からダイナミックに展開していけるわけではないので、**自分が動かせる予算の範囲で、できることから始めていったわけである。**

組織の中で結果を出せるのは、こうした考え方をできる人なのだと思う。

日本では歴史ある大企業のほうがＤＸやＡＩ導入といったことに遅れがちな傾向もある。

経営陣がそうした部分に対して理解を示しにくいのも理由の１つなのだと想像される。

そう考えたなら、**小さなことから始めて実証を重ねていく方法論は現実的である。**

戦略をもってアイデアをアクションへとつなげられる人はやはり強い。


ＡＩシナジストを目指すことによって、個人としての可能性は大いに広がる。

東野さんや佐藤さんのような先例もあるのだから臆《おく》することはないはずだ。

今、どれくらいの知識を持っていて、どういう場所にいるかは問われない。その場所に合わせてキャリアデザインを行っていくことはできる。

そういうキャリアデザインをしていくべき時代になっている。

POINT

□AIプロジェクトを立ち上げられるのは若い人だけには限らない
□少しずつプロジェクトを大きくしていくビジネスデザインもある
□ミクロな枠組を越えて戦略的に動いてこそキャリアデザインができていく

CASE STUDY 3

「リカレント教育」を受けてデータサイエンティストに転身

会社員35歳からの再スタート！

ここまではＡＩシナジストになっているビジネスパーソンの実例を紹介したが、「転職」というかたちでＡＩ業界（ＡＩはさまざまな側面で使われているインフラでもあるので、ＡＩ業界という独立した業界があるわけではないが便宜上そのように形容する）にシフトして技術的な専門職に就いた実例も紹介しておきたい。

別の仕事をしていながらオンライン学習で知識や技術を身につけて、データサイエンティストに転身した男性と、ＡＩとはまったく関わりのない世界にいながらＵＸデザイナーに転身した女性の２例だ。あらかじめ書いておけば、現在は２人とも弊社で働いてくれている。どういう道のりを経て転身に成功したかについてできるだけ詳しく見ていくためにもこの2人を選ばせてもらった。

データサイエンティストに転身したのは大手国際物流会社に勤務していた辻智範だ。大阪で生まれ育ち、大学はアメリカに留学。数学科で学んでいたこともあり、エンジニアとして物流会社に入社した。しかし辻は、そのままエンジニアを続けたわけではなかった。**財務部やマーケティング部にも配属**されている。それぞれの部門にはおよそ5年ずつ所属しており、物流会社には約15年間、勤務した。エンジニアとしてキャリアをスタートしていても、それ以上に他の部門でのキャリアが長くなっていたわけだ。

AIへの関心を深めたのはマーケティング担当になっていた時期だという。マーケティング部ではデータを扱うことが多く、作業の効率化が進んでいた。この会社は外資系だったので本社は国外にあり、本社を中心にAIも導入されだしていた。辻は開発や導入に関わっていたのではなく、**導入されたシステムを利用する側**になっていたということだ。それ以前にもAIについて勉強したい気持ちはあったというが、システムに触れているうちにその思いが強くなってきた。

この時点で35歳になっていたので、会社を辞めて大学院などに入るのはやはり迷われる。仕事をしながらAIを学ぶ手段はないかと調べていたなかで、出身校であるジョージア工科大学がオンラインでコンピューターサイエンスを学べるプログラムを開始しているのを知ったのだという。

2013年に開校していたOMSCS（Online Master of Science in Computer Science）である。**2年間の受講でコンピューターサイエンスの修士号も取得**でき、通常の大学院で取得する修士号と扱いは変わらない。それだけの授業内容になっている。

日本に滞在したままですべてのプログラムを受講でき、卒業までの2年間に必要な学費はおよそ7000ドル（70万〜75万円）。

「それなら生活もなんとかなるのではないか」と考えたそうだ。

週1回、直接、教授とやりとりできるウェブ会議はあるが、授業はビデオによるものが多く、通常時の会話はオンラインの掲示板で行われる。アメリカのMOOCにはこのタイプのものが多い。

英語での会話は厳しいという人でも、ヒアリングや読み書きができるなら、ついていけるMOOCもあるのではないかと思う。

ジョージア工科大学のプログラムでは、定期的にテストを受けることが義務付けられる。期間内であれば、好きな時間、場所で受けられるが、テスト前にはパスポートと顔認証システムによって本人確認が行われる。カンニング防止のため、パソコンのカメラで常にモニタリングもされる。

そうした部分まで徹底しているからこそ修士号を取得できるわけである。

仕事と勉強の両立

好きな時間に受講できる授業がほとんどなので、日本の会社に勤務しながらでもなんとかやれるはずだが、辻の場合は、学業に専念したいと考えて、辞職することに決めた。しかし、会社と話し合ったことで、いったん退職したあとの再雇用というかたちでパートタイム勤務をすることになったのだそうだ。

半日は仕事をして、半日は勉強する。

そういう2年間を過ごして修士号を取得した。

会社側の理解があったのも大きいとはいえ、**オールオアナッシングにならず、今いる場所を最大限利用しながらキャリアデザインを考えられたのはよかったといえる。**

新しいことを始めるなら会社を辞めなければならないとは決めつけず、会社に残ってそのための準備を進められないかと考えてみるのも大切かもしれない。

辻は言う。

「キャリアチェンジを考えたとき、その仕組みが今の日本にあるわけではないので、**自分で階段を作っていく必要**があるんだと思います。私が勤めていた会社は柔軟なところがあったのでそれができたのかもしれないですが、急に会社を辞めると言い出せば、会社だって困るはずです。そういうことを考えても、ウインウインのやり方が見つけられたらベストですよね。とにかく私は、仕事を失わずに済んだうえ、学費が安かったこともあって、両立することができ、貯金もほとんど減らさずに済みました」

AIへの関心が高まりつつあった時代

ジョージア工科大学のOMSCSには、AI、機械学習、強化学習などさまざまなコースがある。そんな中にあり、強化学習コースのオンライン掲示板でパロアルトインサイトのCTO（最高技術責任者）である長谷川《はせがわ》貴久《たかひさ》と知り合った。

パロアルトインサイト設立直前の時期にあたる。

長谷川は、ハーバードビジネススクールでMBAを取得して、アップル本社のデータサイエンティストとして音声AIのSiriの開発を担っていた人間だが、アップル時代、辻同様に勤務しながらジョージア工科大学の修士号も取得した。現在はパロアルトインサイトCTOだけではなく、OMSCSでは強化学習コースの教授補佐を務めている。

知り合った2人は、OMSCSを受講していた他の日本に住む生徒や卒業生も含めて（残念ながら日本人卒業生は非常に少ない傾向にある）、夏休みに日本で会うことにした。パロアルトインサイトの設立を準備していた時期でもあり、長谷川は「新しくつくる会社に入らないか」と辻を誘った。

その後に私も辻と会い、入社してもらうことを正式に決めた。現在は弊社のシニアデータサイエンティストになっている。

最初の物流会社に戻る選択肢もあったようだが、本社勤務にでもならなければＯＭＳＣＳで学んだ知識を生かしていくことはできない。それよりはＡＩ開発会社などに再就職したほうがいいかと考えていた中で長谷川と出会ったことになる。

「日本ではまだ、仕事を変えようとしたとき、ファーストステップとなる経験を積むのが難しいといえます。新卒、中途採用の区別が明確になっているところは多いし、中途採用ではまず経験や実績が問われます。仕事を任せてもらえなければ実績はつくれないのに、未経験のうちに仕事を任せてもらえる会社はなかなか見つけられない。**少しずつでも経験を積んでいけるところを探して、そこから始めるか、今働いている会社の中で新しくやれることを探していくか……**。そういうところがスタート地点になるケースが多いはずなので、自分の場合はラッキーでした」

辻がコンピューターサイエンスの修士号を取得したのもパロアルトインサイトの設立

も、ともに2017年だ。

辻の感覚でいうと、当時の日本はまだ、AIについては概念的なことだけが話されているような段階だった。一部の企業でAIが導入されるようになっていても、関心そのものは現在ほど高くなかった。IT企業ならともかく、ユーザー企業では現場レベルでAIについて語られることはあまりなかったようだ。

IBMの「ワトソン」(質問応答システム、意思決定支援システム)への注目度が高まってきたのがこの前年あたりだ。ワトソンは、実用的に使われるというより、AI導入をアピールする広告塔的な役割になっていた感もある。

ソフトバンクの孫正義《そんまさよし》氏が「AIが人類の知能を超えるシンギュラリティが30年以内に起こる」と発言をしたのも2017年だった。

この頃は、ワトソンやシンギュラリティといった言葉が口にされる機会が増えたというだけで、一般の人のAIへの理解は深くなかったといえるだろう。それを考えたなら、日本の社会においてはそこから2、3年のあいだにかなりのスピードでAIの位置付けが変わっていったことになる。辻の決断タイミングは早かったわけだ。

「ユーザー企業の社員」を経験した強み

辻は、次のようにも話している。

「私なんかは、どちらかというと珍しいタイプかもしれないですね。ＩＴ業界のように、もともとＡＩの基盤があったところでキャリアをつくったのではなく、後進的というか、ＡＩの導入が進んでいない業界からＡＩのほうに移ったわけですから。でも今は、そういう業界のお客様のＡＩ導入をお手伝いする仕事をしているわけなので、**お客様側の世界がある程度わかっている利点**はあると思っています」

プログラミングや情報処理ができるだけでデータサイエンティストとして活躍できるわけではない。ユーザー企業で勤務したことがあるなど、**他分野での経験**は大きな力になっていく。

アメリカでも、辻のような経験を持っているデータサイエンティストやエンジニアはまだ少ない。

スタンフォード大学やマサチューセッツ工科大学を出てすぐにＧＡＦＡに入ったようなトップクラスのスペシャリストなどはとくに非技術者と共感できる部分が少ないのではないかという気がする。

高度なプログラムを作ってユーザーが使いこなせないときには「使いこなせないほうが悪い」と考えてしまうようなタイプも中にはいるかもしれない。

それくらい自分の技術に対するプライドが高いということだ。

技術に偏りがちなデータサイエンティストが多数派であっては、ＡＩ導入を検討するユーザー企業の人などは相談しにくくなるのではないかとも懸念される。

クライアントとの距離感

辻がＯＭＳＣＳで学びながらパートタイマーとして働いていた時期には、カスタマーサービスに届くお客さんの声を分析する作業にも関わっていたそうだ。それもまた、得るものが大きな経験になっていたのではないかと想像される。

相手との距離を縮めて話ができるようになるからだ。

辻の入社後間もなく、突然、弊社に日本の企業からの依頼が入ったとき、「名刺を送るからクライアントに会ってきてほしい」と頼むと、「では、行ってきます」と、1人でクライアントのもとを訪ねてくれた。

そのプロジェクトはうまくいき、次のプロジェクトにもつながっている。それまでの経験で育《はぐく》まれた適応能力がなければできなかったことだと思う。

辻は言う。

「パロアルトインサイトに入る前は、IT企業などに入れば、プログラミングやコーディングが仕事のほとんどになるんだろうなというイメージがあったんですけど、実際にはビジネス戦略を立てるような部分の比率も大きくて、そっちが半分、コードが半分というような感じになっていますよね。最初のイメージとは違ったんですが、むしろそのほうがよかったんだろうと思っています。**コードだけ、ビジネスアナリストだけ、というのではなく、両方をやる。**コーディングやエンジニアリングのスキルが私より高い人はいっぱいいるんでしょうけど、それでビジネスコンサルまでできる人はあまりいないんじゃないかと思うんです。自分の場合は、これまでのキャリアの特異性をうまく生かせているのかもしれない。今はそういう形態はまだ少ないのだとしても、これからは主流になっていくはずだし、そのほうが発注側にとっても受注側にとってもプラスになる気はします。**ビジネスとAIはそれぞれ独立しているものではなく、くっつける必要がある。**そうしていかないと、そこに導入の壁ができてしまうように思います」

フルリモートでのライフスタイル

辻はパロアルトインサイトに入ってから、アメリカの本社に来たことは1度しかない。日本でクライアントのもとを訪問して要望などをヒアリングすることはあるが、基本的にはフルリモートでやっている。

それによってライフスタイルが変わったかを聞くと、こう答える。

「電車通勤がないので、それだけでも大きく変わりましたね。コロナ前からコロナ対策をしていたことにもなるのかもしれません（笑）。自粛が呼びかけられても、何も変わらなかった。私はあまり9時5時みたいには決めないでやるタイプなので、ついテレビを見ていたというようなことにはならないようには気をつけています。逆に土日という感覚もなく、毎日、仕事をしてますね。絶対何もしないって日も設けるようにはしてますけど、それ以外の日は旅行先で仕事をしていることもあるくらいです。いいのか悪いのかわかんないですけど、**ワーク・ライフ・インテグレーション（仕事と生活の融合）の極み**のようになっている（笑）。独身だからそれができるのかもしれませんが……」

30代半ばで新たなキャリアデザインをしたことについても「独身だったからできたのか」を聞くと、それについては首を傾げる。

「結婚している立場ではないので、結婚してたらどうだったかはわからないですね。ただ、やりたいことはやる、というタイプの人なら、できるんじゃないかと思います。**私はパートタイムで働きながらOMSCSを受講してましたけど、フルタイムかつ子育て中の方で受講している人はいっぱいいました**。2年ではなく4年かけて修士号を取っている人もいましたね。自分のライフスタイルに合わせて学習のペースを決められるのもMOOCの強みだと思いますし、自分が置かれている環境に囚《とら》われず、柔軟に考えることが大切だと思います」

確かに、シリコンバレーなどにいる私の友人等でも、家族もいて仕事を続けながらオンラインで修士を取得している人は多くいる。経済状況などでも変わってくる部分はあるとはいえ、既婚者ならばやれないということはないはずだ。

MOOCとキャリア形成

教育機関の選択も重要になる。

アメリカではさまざまなMOOCプラットフォームが誕生していて、プログラムが充実している機関は多い。

辻は、弊社に来てからもスタンフォード大学の自然言語処理コースとユダシティ（Udacity）のロボティクスコースを受講している。ジョージア工科大学のOMSCSを修了したあとも知識の吸収には貪欲であるということだ。データを公開して世界中のデータサイエンティストが色々なコンペティションに参加できるカグル（Kaggle）というプラットフォームで行われた2020年のアンケートによると、既存のデータサイエンティストの9割以上がMOOCなどを使って学習をし続けているという[59]。

インターネット大学と呼ばれることもある**ユダシティはMOOCを代表するような教育機関**といえる。1コースあたり1カ月から半年近くまでと色々な期間で受講できる[60]。テストはないが、修了証書は発行される。

スタンフォード大学の場合は、1コース3カ月の受講期間である。プロジェクトクイズ形式のテストに合格すると、修了証書が発行される。スタンフォード大学やヴァージニア大学の教員が授業を受け持ち、グーグルやフェイスブックの社員による講義も開かれる。世界190カ国以上の人が利用しているそうだ。こうしたコースを修了すれば、それだけでも一定の評価を得られる。

日本にもさまざまなオンライン講座は生まれてきているが、アメリカの受講環境と認知度には追いついていないのが現状だ。

「どこまでのことを学びたいか」、**「キャリア形成にうまくつなげられるか」**といった部分までをよく考えて教育機関やコースを選択する必要があるだろう。

近年はユダシティなど海外のMOOCでも**日本語で受講できるコース**ができているので、そうしたものも視野に入れながら選択するのがいいのではないかと思う。英語が読めるのであれば、選択の幅は広い。ジョージア工科大学のOMSCSなどは世界中の人が生徒になっており、2013年に開講してから2020年秋学期までの総生徒数は1万7799人、2020年秋学期の生徒数は2890人となっている（2021年1月末現在[61]。

学位を取得できるMOOCではなくても、修了証書を取得すれば転職もしやすい。辻がスタンフォード大学のMOOCを受講したのがそうだったように、専門知識を習得することでスキルアップにもつなげられる。

採用する側の立場からいえば、学位を取ることに関しては今以上に社会的に評価されるべきだとも考えている。どこで何を学んできたかについても軽視できない。学歴がすべてではないにしても、学校や講座、受講期間によって学べることに差が出てくるのは当然だからだ。

本気でキャリアデザインを考えているかどうかの差が出る部分だともいえる。

たとえばの話として50ドルくらいで受講できる短期間オンライン講座を受けたとアピールされても、こちらの判断としては、ユーチューブの無料講座を見たというのと変わらない。それではほとんど意味を持たない。

教育機関以外にも評価できるポイントはある。

エンジニアなら、何かのコンペティションに参加していた経験があったりすればわかりやすい。開発プラットフォームのギットハブ（GitHub）でアウトプットした経験があるだけでも違ってくるものだ。

読んでおくべき「AI業界のバイブル」

AIを学ぶのに勧められる本はあるかを辻に聞くと、「あまり本は読まないんですよね」ということだったが、**リチャード・S・サットン、アンドリュー・G・バルトの『Reinforcement Learning（強化学習）』**は読んだという。

日本語版も出版されており、業界ではバイブルのようになっている1冊だ。数学書のような性格もあるが、第一線でAIに携わっている人間なら大抵、持っているのではないかと思う。

日本語で書かれた本でいうなら、ソフトウェアエンジニアの加藤耕太《かとうこうた》氏がまとめた**『Python クローリング&スクレイピング』**という解説書も、定番の1冊になっている。辻も目を通したそうだ。

今は学術論文も無料公開されているものが多いので、そういうものにも目を配ってほしい。英語が読めないなら、翻訳ソフトを使ってでも読んでみようとすることが大切だ。本気でスタートラインを目指したいなら、それくらいの探究心をもって努力をしてもいいのではないかと思う。

辻にしても、ネットなどを使ってさまざまな情報収集を続けている。それがこの世界においては当たり前の姿勢といえるだろう。

POINT

- □今いる場所を最大限利用しながらキャリアデザインを考えるのが大切
- □ユーザー企業の勤務経験などは大きな力になる
- □キャリア形成には教育機関やコースの選択が重要になる

CASE STUDY 4

180度の方向転換で日本語教員からUXデザイナーとしてAI業界へ

日本語教員からオンラインスクールの生徒に

次に紹介するのは転身してUXデザイナーになったユカ・リビングストンだ。親の仕事の関係でアメリカで生まれたが、日本で育った。

18歳で再びアメリカに渡ってミシガン州の大学を卒業した。**専攻は社会学。卒業後は日本語教員**になっていた。

教師をしていたときは「やりがいを感じていて楽しかった」という。しかし、生徒たちとの距離を縮めれば、生徒それぞれの家庭環境などを垣間見る《かいまみ》ることになる。複雑な事情を知らされたときなどに精神的にこたえるようになっていたのだそうだ。

また、家族が日本にいたこともあり、何かあったときには帰国できるようにするため、リモートワークがしやすい仕事はないかと考えるようにもなっていた。

その頃の彼女はＡＩにも興味を持ち始めていたが、どちらかというと「デザイン」という分野への関心が強かったのだという。家具のデザインや配置で生活のしやすさを考えるインテリアデザイン、空間コーディネートといった仕事にも惹《ひ》かれつつあった。

そういうときに知人から「ＵＸデザインという仕事もあるよ」と教えられたそうだ。ＵＸデザインでは、ウェブサイトやアプリなども対象となるので、調べているうちにＡＩに対する興味も強くなっていった。それが25歳頃のことだという。

ユカは振り返る。

「デザインを学ぶために大学に入り直すような選択肢もあったのかもしれませんが、大学を出て教師になっていたのに、**イチからやり直すのには抵抗もあったんです**。それでオンラインスクールを受講することを考えたんです。いろんなスクールやコースがありますが、自分に合ってると思ったのが**ラムダ・スクール（Lambda School）**だったんです」

朝から授業が行われるカリキュラムだったこともあり、彼女は仕事を辞めて受講した。

ラムダ・スクールは**朝8時から夕方5時までのオンラインで行われるリアルタイム授業が中心**になる。オンラインディスカッションもさかんに行われ、大学に通うのとほとんど変わらない環境が再現されている。

アメリカでは雇用側から見ても、ラムダ・スクールを出たということなら一定の評価を与えられる。相当な覚悟をもって取り組まなければ修了できないプログラムだということがよく知られているからだ。

公式な学位は取得できないが、修了証明書は発行される。

すでにUXデザインのコース提供は終了していて、現在はデータサイエンスとフルスタックウェブディベロッパーのコースのみの提供となっている。(62)

ユニークなシステムのラムダ・スクール

ユカがラムダ・スクールを選んだ理由の1つは**先に学費を納めなくてもいいシステム**があったからだ。ラムダ・スクールならではの特徴の1つに挙げられる。

ラムダ・スクールのウェブサイトには次のように書かれている。

No tuition until you're hired（仕事が見つかるまで受講料ゼロ）(63)

ラムダ・スクールでは、最低でも年間5万ドル以上稼ぐようになるまで学費をカバーしています。頭金はありません。

採用されたら、あなたの収入に応じて毎月の支払いが始まります。

あなたの年収が何らかの理由で5万ドル以下になった場合、支払いは自動的に一時停止されます。

支払いは、あなたが3万ドル支払うか、あなたの支払いスケジュールが終了するか、どちらかが先に来たときに終了します。(64)

要するに、学費を払わずコースを受講できるということ。

その後、年収5万ドル以上の仕事に就いた時点から、月々の給料の一定パーセンテージを2年間支払うことになる。それが3万ドルに達すればその時点で支払いは終了になり、3万ドルに達しなくても、2年間の支払いを続ければ支払いは終了となる。

一定パーセンテージは17％といわれている。仮に年収5万ドルの17％を2年間支払ったとすれば、1万7000ドルになる。また、修了した生徒が年収5万ドルに満たない状況が続けば学費は0ドルになる。

ラムダ・スクールとすれば、修了生にはできるだけ早く、できるだけ高収入を得られるようになってもらいたいことになる。

実績でいえば、修了生の86％が6カ月以内に年収5万ドル以上の条件で採用されているそうだ。


高い就職率も安心材料になるが、9カ月という期間も魅力になる。すでに社会人として働いていながらキャリアデザインを考え直すうえではちょうどいい長さだともいえるからだ。

「やり直そうかと悩んでいた時期は、すごく不安でした。このコースを選んだ理由も、やってみて、自分のやりたいことじゃなかった……となってしまった場合にも、**9カ月だったらまだ取り返しがつくはず、**という考えがあったからなんです。4年制の大学とかに行ってしまうとさすがにそうはいきませんから……。ラムダ・スクールに入ってからも、実際の仕事がどういうものかは気になっていたので、現役のUXデザイナーさんに連絡して話を聞くことなどはしていました。それによってどんなプロジェクトに携わってどんな役割を果たしているかといったことがわかってきたので、UXデザイナーに対するイメージを明確にすることができていったんです」

知人などを通してつながったUXデザイナーもいたそうだが、ラムダ・スクールには**「メンター制度」**もある。生徒それぞれにメンター（助言者）がついて、週に1度くらいのペースで自分のデザインを見せれば、フィードバックをもらえるようになっている。

現役デザイナーのアドバイスはやはり大きな力になることだろう。そのメンターとは今でも連絡を取ることがあるのだそうだ。

オンラインのコミュニケーション

ラムダ・スクールでの学習内容は、ハードで実践的だ。

最初の4カ月ほどはデザインの基礎を叩《たた》きこまれていく。

朝8時からZoomを使った講義が続く。月曜日から木曜日の午前中に講義があり、午後に課題が出されてその日の夕方に提出する。金曜日は講義がなくて、月曜日から木曜日に習ったことの総復習として午前中にテストがある。テストをクリアすることによって先に進めるようになっていた。

その後に専門コースが分かれていき、そこから2カ月は他のコースの生徒と組んでアプリなどを作っていくことになる。

その後はまた自分で選択できるオプションがある。

ユカはその段階で自分のポートフォリオを作成している。クリエイターの場合、**自分の作品を整理したポートフォリオ**を作っておくことは、転職することなどを考えても有効だ。このことは覚えておいてほしい。

彼女が選択したUXデザインのコースには30人ほどの生徒がいて、8人くらいずつのスモールグループに分けられた。そのグループでは毎日夕方にZoomミーティングを行っていたそうだ。リーダーがまとめ役となり、講義でわからないところがあれば、話し合って解決するようになっていた。

そういう場を持つことの意味も大きい。こうした仕事を進めていくうえで必要になるコミュニケーション力やディスカッションの力がつけられるからだ。

独学の場合、とにかくインプットをしていけばいいとも考えられがちだが、そういう考え方はもう通用しない。

リモートで学んだことであっても、すぐにアウトプットする。

できるだけそういう経験を積んでおいたほうがいいのはもちろんである。

ラムダ・スクールで使っているスラックにはさまざまなチャンネルがあり、自分がデザインしたものをシェアしてフィードバックをもらうこともできていたようだ。

そしてユカは、ラムダ・スクールを出たあと、パロアルトインサイトに入社している。入社後には、ラムダ・スクールで学んだ知識や技術に限らず、スラックを使っていた経験も生かせていると考えているようだ。

「自分の意見などをチャット上で伝えていく経験ができたのはよかったですね。パロアルトインサイトで働くようになってから、自分で思っているよりスムーズにコミュニケーションが取れたのはそのおかげもあったんだと思います」

話は少し逸《そ》れるが、社員たちが世界各地でリモートワークをしている場合、時差に合わせて働く時間を変えていると、世界中の社員が揃う時間がなかなか見つけられない。

そのため弊社では短時間のZoomミーティングも開いているが、スラックの利用頻度も高くなっている。

私の場合、社員がいい仕事をしてくれたときには、積極的にスラックに書き込むようにしている。そうすることにより、その仕事に対する評価を共有できるようになるからだ。フルリモートにしているからこそコミュニケーションがおろそかにならないようにと気をつけているわけである。

UXデザインに求められる「問題解決力」

UXデザインのおもしろみがどこにあるかを聞くと、「問題を解決できるところ」だとユカは答える。

「UXデザイナーは、会社が抱えている問題とかユーザーが抱えている問題を聞いて、ニーズに合わせてどうやったら解決できるかを考えていくじゃないですか。それも自分1人でやるわけじゃなくて、チームで話し合ってやっていくというのがすごく魅力的だなって思います」

ユカは以前から社会課題を解決することに関心があったそうだ。

現場共感型AIという考え方にしても、現場の人の作業動線をよく理解しておくことが前提になる。現場でAIを使う人の課題やフラストレーションになり得る要素は、問題が顕在化する前から取り除いていくのがUXデザイナーの仕事だ。

AIとは関係ないところで考えてみればわかりやすい。たとえばショッピングモールのドアが「押す」なのか「引く」なのかで迷われたり、トイレのマークで「男性用」か「女性用」かが見分けにくかったりすればNGになる。お洒落《しやれ》さを優先させたようなデザインではなく、お客さんがやりたいことを迷わずやれるようにする。

それをさまたげるような問題があれば、解決しながらデザインしていく。

そんなUXデザイナーは、AIビジネスデザイナーとはまた違った角度からエンジニアとユーザーをつないでいくポジションだともいえる。「ユーザーが感じることの代弁者」でもあるのだから、「人がどう感じるか」を考えるところから仕事が始まる。

「必読本」とやっておきたいエクササイズ

ユカが読んだお勧めの本を聞くと、ジェイク・ナップ他による『SPRINT』が挙げられた。

彼女は英語版をKindleで読んだそうだが、日本でも『**SPRINT 最速仕事術 あらゆる仕事がうまくいく最も合理的な方法**』として刊行されている。

スプリントというのはグーグルで生まれた「効率化メソッド」のようなものだ。困難な問題などに直面したとき、ダラダラと時間をかけてなんとかしようとするのではなく、1週間（月曜から金曜までの5日間）で問題解決のための答えを見つけられるようにする。そのためのプロセスを説いたものだ。

アメリカで人気のコーヒーショップ「ブルーボトルコーヒー」も、このメソッドを使って躍進したことで知られている。

ユカはグーグルのUXデザイナーから「これは絶対読んどいたほうがいいよ」と勧められたらしい。私も読んだが、AIビジネスに限らず、ビジネスに関わる誰にとっても参考になるのではないかと思う。

UXデザインをやりたいと考えたときにも、そのための技術書、専門書ばかりを読んでいればいいわけではない。


もう1冊はArtiom Dashinskyの『**SOLVING PRODUCT DESIGN EXERCISES**』。副題は「Questions & Answers」。

別のUXデザイナーから「面接を受ける前に必ず読んでおくべき」と言われたそうだ。

アメリカの企業でUXデザイナーとして面接を受けると、「ニューヨークの地下鉄の切符販売機の画面をデザインし直してください」というようなお題を出される場合が多い。ラムダ・スクールでも、デザインチャレンジ、あるいはホワイトボードチャレンジなどと称して、そうしたトレーニングが行われていたのだという。

この本ではそこで出されるようなお題がいくつも挙げられていて、トップ企業で働くUXデザイナーたちがそれに答えている。

面接対策に限らず、**「ユーザー思考」を身につけるいい教材**になるはずだ。目指しているところがあるなら、それに向けたエクササイズを積んでいく姿勢は大切になる。

人は1年で変われる！

ユカは言う。

「パロアルトインサイトで働いているデータサイエンティストや他のエンジニアの方たちはトップクラスの人ばかりなので、その人たちとミーティングをして話しているだけでもいろいろなことが学べます。どういう考え方が求められるかといった部分もそうですが、私が機械学習や自然言語処理のことをよく知っているかといったら、とてもそうとは言えないので、そういう部分の知識もそうですね。話しているなかでわかってくる部分もあるし、わからない部分は質問するか、課題として自分で調べてみるようにしています。今は常にプレッシャーを持ちながら仕事をしていますが、**キャリアを変えることに挑戦したのはすごくよかったと思っています**」

彼女などは180度の方向転換といえるキャリアチェンジを果たしているので本当にすごいと思う。やりたいことを見つけたあと、そこにコミットして努力をすれば、人は1年間で変われる。そのことをユカは示してくれている。

現場での経験値だけが問われるわけではない。

まったく違う世界に飛び込んだ場合にも意識次第で差は埋められるはずだ。

これからの時代にはこうしたＡＩ人材がどんどん増えていくのだろう。そういう人たちがこれからのビジネスシーンを変えていくことになる。

POINT

- □まったく違う分野からでもキャリアチェンジはできる
- □即戦力になる力をつけたいなら、そのための教育機関を選ぶ必要がある
- □独学であってもインプットに偏らないようにしてアウトプットも意識すべき

終章

非ＩＴ企業にいる人たちのキャリアデザイン

今いる場所に軸足を置いてピボットすることから始めよう！

AIプロジェクトに必要な人材

ＡＩ人材が不足しているという事実はさまざまなかたちで伝えられてくる。そうしたニュースを目にしても、エンジニアやデータサイエンティストなど、ＩＴ業界の中の限られた話だと決めつけている人は多いのではないかと思う。「技術者でもない自分には関係ない」と聞き流しているのだとすれば、本質を理解していない。不足しているのはＩＴ企業で開発などを行う専門的な人材だけではない。

非IT企業（ユーザー企業）の中にあり、AIの技術を組み入れていくべき人材は、それ以上といえるくらいに不足している。

このことについては、これまで語られる機会が少なかった。しかし、ＩＴ企業におけるＡＩ人材の不足と、非ＩＴ企業におけるＡＩ人材の不足は、同じレベルで語られていい問題である。

ＩＴ業界における人材の不足を埋めるためには「高校からプログラミング教育を始める」、「大学に専門の学部を増やす」、「小学生の段階からプログラミングに触れさせていく」などといった具体策が示されてきている。その一方、非ＩＴ企業における人材の育成に対してはまだまだ対策が考えられていない。

ここまでにも解説してきたように、非ＩＴ企業におけるＤＸやＡＩ導入がこれからますます増えていくのは間違いない。そうであるなら、この問題を見過ごしていていいはずがない。会社単位の話でなく社会全体で考えるべき課題になっている。

そしてまた、個人として考えるなら、そこに大きなチャンスを見つけられる。

エンジニアやデータサイエンティストといった技術者については外部の人材に頼っていいとしても、ＡＩシナジストといえる役割を果たす人材は企業ごとに必要になってくるからだ。それもできるだけ優秀な人材を１人でも多く欲しいということになってくる。

ＡＩシナジストの価値はそれだけ高くなる、ということである。

今いる場所でＡＩ導入の効果を最大化できれば会社への貢献度は大きく、自分のキャリアデザインにもつなげていける。


社会が大きく変化している中にいながら、自分には関係ないというスタンスでいるのは消極的すぎる。

自分の意識を変えるだけで、これまでとはまったく違った役割を果たせるようになるのかもしれないのだから、またとない好機である。

自分の会社がまだＤＸやＡＩ導入に乗り出していない、あるいは始めたばかりだというなら、そのタイミングを逃さず、出航する船に乗り込みたいところだ。

会社がＡＩプロジェクトを始めた際、その舵《かじ》取りをできるのは外部の技術者ではない。会社のことや当該部署のことをよく知っている社員である。

ＡＩシナジストになることの可能性の大きさを理解していれば、ＩＴ企業への転職を図ることがすべてではないのがわかるはずだ。

今いる場所に軸足を置きながらピボットしてみてほしい。

ピボットとはバスケットボールの基本テクニックで、「動きすぎ」であるトラベリングという反則を取られないように、片足を軸に体の向きだけを変えながら最良の攻撃ルートを探るアクションをいう。それと同じように、むやみに軸足を動かさず、その場にとどまりながら、そこから組み立てられる戦略を練るのが有効だ。

軸足を固定していられる場所があるなら、そのこと自体が個人としての強みとなる。

ＩＴ業界への転身と自由な生活

もちろん、ＩＴ業界に行きたいと考えている人にとってもチャンスである。

ＩＴ業界への転身を考えているなら、自身のトレーニング、キャリア作りとして、ＡＩモデル開発に何かしら関わる経験をできるだけ積み上げていきたい。

最初から仕事としての経験を積むのは難しいので、趣味の範囲であってもＡＩに触れていく姿勢が必要になる。そうしているうちに実績といえる経験を積めたときにはポートフォリオにしておくのがいいだろう。

ＩＴ業界に行きたいといった願望を持っているだけで好条件の転職ができるわけではないのは当然だ。スキルを身につけながら経験をかたちにしていくことが大切になる。

市場としての需要が増えているだけでなく、リモートワークが進んだことも大きい。**やる気とスキルがあれば、日本企業に限らず、海外の企業からオファーを受けるケースも考えられる。**

日本にいながらシリコンバレーの水準で給料をもらえるようになれたなら生活水準は大きく変わることだろう。

ロッキー山脈のふもとに住み、スキーを楽しみながらリモートワークをしているＩＴ企業の社員もいるが、最近はキャンピングカーを借りて移動生活をする人も出てきた。ビッグテックに勤めて豪邸を手に入れておきながら、キャンピングカーで旅をしている人も実際にいる。仕事はリモート、子供の授業もオンラインになっているなら、そういう暮らしも可能になる。国立公園などを巡って自然の中で夜を過ごすのは、さぞロマンティックなことだろう。

これまでＧＡＦＡなどでは、住んでいる地域の物価や生活水準に合わせて給料を調整するようになっていたが、そういうやり方は問題視されだしている。(65) どこに住んでいても同じ給料を得られるようになったなら、これまで以上に自由な生活ができるようになる。

安定志向でいることのリスク

ニューノーマルでは、会社に通える場所に住む、というような制約がなくなるというのは、ここまでにも書いてきたとおりだ。

「個人としての価値」が認められたなら、住みたい場所に住むこともできる。

自分を主体にした人生設計ができる時代になっているということだ。

新型コロナウィルスの感染拡大によって、誰でも少なからず生活様式が変わったはずだ。それをきっかけとして見直した部分があったなら、自分の頭に思い描いたことを現実にするためのアクションを起こしてみるのもいいのではないだろうか。

日本の教育現場にいる人たちの話を聞くと、最近の中高生は安定志向が強くて、「転勤がない会社に就職したい」といった希望を持つようになっているのだという。それだけディフェンシブな考え方になっているのはさびしい。10代のうちからそうして縮こまっているのではなく、次元を変えた考え方をしてほしい。
リスクを避けて、何も変えようとしない安定志向でいることは、かえってリスクを大きくしやすい。

何もしないでいて、いつまでも現在の場所にいることが約束されているわけではない。

ゴールまでの道は長い「AI導入」

AIシナジストになるのを目指すにしても、データサイエンティストなどへの転身を図るにしても、「やりたい」と思うなら、ためらわずにどんどんやっていったほうがいいのではないかと思う。

新しいことに挑戦しようとすればリスクがないわけではないが、小さく構えすぎていて成功を手にすることはない。

コロナによって世界中が大きなダメージを受けたが、IT業界はコロナ禍にあっても好調を保っており、これから急速に落ちていくことは考えにくい。ビッグテックで働いている知人などと話していると、簡単にはじけることのないバブルの中にいる印象をうける。

それだけ業界は好調であり、その好調さには裏付けもある。
ここまでにも書いてきたようにＡＩ導入の動きはこれからも加速していく。アメリカもそうだが、スタートが遅れた日本ではとくに今後の展開が期待される。

ユーザー企業においては、既存のツールを導入するか、オリジナルを開発するか、複合モデルにしていくかという部分での選択はそれぞれになっている。いずれの場合にしても、１つのツールを導入したことで、すべての問題が解決して、そこでプロジェクトが終了することはまずない。
ツールを導入してデータを得られれば、次の段階のステップにつなげられるので、新たなモデルをつくったり、ネットワークを広げたりしていくことになる。１つのプロセスを自動化するだけではＤＸとは呼べず、単なるツールの導入に過ぎないのである。

コアとなる事業をデジタライズしてこそのＤＸである。

『ＴＨＥ ＤＩＧＩＴＡＬ ＴＲＡＮＳＦＯＲＭＡＴＩＯＮ ＰＬＡＹＢＯＯＫ』を書いたデビッド・Ｌ・ロジャースも、ＤＸとは戦略的思考のアップグレードであり、コアとなる事業のあり方を改革することだと言っている。そうであるならＤＸは短期間で済ませられるようなことではなく、道のりは長くなる。

そういう面から見ても、この分野の需要が増え続ける一方になるのは明らかである。

先にも紹介したダイセーロジスティクスなどは、ＡＩ導入によって会社の文化が１８０度変わったといっていい。

最初は１つのエリアの配車の自動化から始めているが、そこから対象地域を拡大させていき、全国を統括する総合ＡＩ配車センターをつくった。現在はフェーズ３といえる段階にあり、さらなる革新を進めている。

ＡＩ導入の効果の大きさが強く実感されたからこそ、当初の考えを超えてシステムを拡大しているわけである。

それにより効率化が進んだだけでなく、経営陣のマインドセットが変わっていったのは私たち開発者にもはっきりと伝わってきた。

部分的なムダを省くだけでも意味はあるが、本当に大きな成果に結びつけようとするなら、**部分最適ではなく「全体最適」を考える必要がある。**

全体最適を実現するのは簡単ではない。多くの企業では縦割り構造になっていて横の連携が取られていないので、その構造を変えるためには数年といった時間がかかることもある。そういう中にあり、データの統合、プロセスの統合が大きな意味を持ってくる。

ダイセーロジスティクスの場合は、部分最適プロジェクトから始めていながらも会社全体のオペレーションを根幹から変えていくことにつなげられている。

現実として忍び寄る「バーチャル・スラム」

AIがもたらす可能性の大きさは理解してもらえたのではないかと思う。そういうAIだからこそ、使い方を誤ってはいけないということも理解しておいてほしい。先にも紹介したケンブリッジ・アナリティカ問題のように大きな社会問題に発展してしまうケースもあるからだ。


「バーチャル・スラム」という言葉を聞いたことがあるだろうか？

これは、先ほど紹介した慶應義塾大学の山本龍彦教授が講演で言っていたことだが、AI社会の中では、こうした呼ばれ方をされる新たな貧困層が生まれるのではないかとも言われている。[66]

今の社会においては、いつどんなかたちで個人が評価されるかわからない。**ほとんど意識することもないうちにＡＩによってなんらかのスコアリングをされることもあり得る。**

いったん低評価を受けてしまうと、あらゆる場面においてその評価が影響を及ぼすことになるのではないかとも危惧されている。

中国ではすでにアリババグループ傘下の信用情報機関が導入した信用スコアが「さまざまな機関で第２の身分証のように使われているのではないか」と言われている。評価基準は明らかにされていないが、電子決済の記録や学歴などの個人情報、ＳＮＳからわかる交友関係などから複合的な評価がされているのではないかと見られているのである。

そのスコアが影響を及ぼす範囲は幅広い。確証はないことだが、ローンを組めるかどうかといったことはもちろん、企業の採用や婚活サイトにおけるマッチング、シェアリングサービスの扱いなどにも信用スコアが関与していると考えられている。

クレジット社会のアメリカでは「クレジットスコア」がつけられていて、似た性格を持っている。だが、そこではスコアを落とさないように自分で注意できるし、低くなったスコアは回復させられる。しかし、評価基準がブラックボックス化している信用スコアは、なんとか回復させようとしても、そのための対策がとれないのだから怖い。ロースコアをつけられてしまった人が「社会の下層で固定されかねない」という意味でバーチャル・スラムと呼ばれているのである。

日本ではまだそこまでのことはないはずだが、そういう怖さも潜んでいるのがＡＩ社会だといえる。

ＡＩの技術がもたらす可能性は無限に近いからこそ、さまざまな側面がある。

多面体が持つようなさまざまな側面を知っておくことが個人個人にとっても大切になる。

居場所を変えられる人、変えられない人

話を戻そう。

営業や人事といった職種にこだわる人が、ＡＩシナジストになろうとするのでもなく、ＩＴ企業へ転職したいと考えたとしても、なかなか難しいのも事実である。そういう求人

はそもそも少ないからだ。

業種が違う場所に移っても、それまでに身につけたノウハウは生かせるという考え方はあるにしても、そうした人材はあまり求められない。

非IT企業の中でAIシナジストを目指すのであれば、最初からAIビジネスに携わった経験がなくてもかまわない(AIにはできるだけ触れておくべきではあるが、ビジネスとしてAIに関わることは準備ではなくスタートになるのが普通である)。

しかし、IT企業では、IT業界で働いた経験がなく、ITに関するスキルを持たない人材は敬遠されやすい。

営業などの分野であれば、業界が変わっても営業のノウハウは生かせるはずだが、やはり専門知識は持っておきたい。そうでなければ、顧客や新規見込み客から専門的な質問を受けたときなどにどうにもならないからだ。

比較的年齢の高い転職希望者がセールスポイントを聞かれた際、「部長ができます」と答えることがあるという話はよく耳にする。笑い話や作り話ではなく、実際にそういう人が少なくないのかもしれない。

管理職として経験を積んでいて、どこへ行っても部長ができるだけのマネジメント能力があるのだとしても、それが通用する時代ではなくなっている。

大企業であれば、1つの業務に特化したエキスパートやマネジメント能力が高い管理職タイプの人材が受け入れられることもあるかもしれないが、大抵のＩＴ企業ではそういう人材は求めていない。

たとえばの話、文字入力だけを行うオペレーターが必要な場合には正確なタイピングができる人を採用すればいいともいえるが、それだけに特化した人材を求めるケースはあまりない。タイピングができるだけでなく、営業ができる、アイデアを出せる、コードを書いてプロダクトを作れるなど、別の分野でも力を発揮していくことが望まれる。営業や人事など他の職種であっても管理職であっても同じことだ。

そういう現実を考えても、技術者でないなら、今いる場所でAIーシナジストを目指して、知識やスキルを吸収しておくことをまず勧めたい。

実際にＡＩプロジェクトに関われたかどうかも大きな差になるのは確かだ。たとえ経験できていなくても、何もアクションを起こさずにいる人と比べれば立っている場所がまるで違う。準備を積もうとした経験は必ず生きてくる。

そういう人は、長い目で見れば居場所を変えられることもある。

今現在、非ＩＴ企業に所属している人がいかにキャリア形成していくべきか？

自分のポジションとＡＩは無関係だなどとは簡単に決めつけるべきではないだろう。

これからＡＩについて学ぶのでは遅すぎるとあきらめることもない。

今後の社会はＡＩと切り離せるものではないということを理解して、ＡＩとの関わり方を探っていくのがいいのではないかと思う。

ＡＩ人材になりたいと考えた場合にも、複数の実現方法があり、メリットもあれば、難しさもある。そういう現実を理解しておく必要がある。

ＡＩの技術革新とニューノーマルによって何がもたらされるのか？

キャリアデザインのトリレンマで自分は何を優先すべきなのか？

そういうことをよく考えたうえでこれから進むべき道を決めて、歩き始めてほしい。

POINT

□ＩＴ企業だけでなく非ＩＴ企業でもＡＩ人材は不足している

□コアとなる事業をデジタライズしてこそのＤＸなので、企業は部分最適ではなく「全体最適」を考える必要がある

□非ＩＴ企業に所属している人のキャリア形成において、ＡＩが無関係だということには決してならない。だからこそＡＩシナジストを目指す発想を持ちたい

2016)
47 https://medium.com/@dcvc/john-deere-acquires-blue-river-technology-for-305-million-bringing-full-stack-ai-to-agriculture-7ca8c25a5fe1
48 https://digital.hbs.edu/platform-digit/submission/john-deere-killing-weeds-precisely-with-see-spray-technology/
49 https://digital.hbs.edu/platform-digit/submission/john-deere-killing-weeds-precisely-with-see-spray-technology/
50 https://www.gausssurgical.com/obstetric-hemorrhage/
51 https://www.nikkei.com/article/DGXMZO60345170V10C20A6TJ1000
52 https://www.zooniverse.org/projects/hiro-ono/ai4mars

【第4章】

53 https://www.glassdoor.com/blog/the-best-jobs-in-america-2020/
54 https://drive.google.com/file/d/1CsMpAjwdrZ2D8Vt3gV2Z459ynaqSB-Mz/view
55 https://medium.com/ideo-stories/so-you-want-to-be-a-business-designer-e424f89cea4b
56 https://www.ideou.com/blogs/inspiration/how-to-build-a-better-business-through-design
57 https://www.exaltsolutions.com/solution-by-roles/data-cleansing
58 https://www.fujiya-peko.co.jp/company/ir/data/highlight.html

【第5章】

59 https://www.kaggle.com/kaggle-survey-2020
60 https://www.udacity.com/
61 https://omscs.gatech.edu/prospective-students/numbers
62 https://lambdaschool.com/
63 https://lambdaschool.com/
64 https://lambdaschool.com/tuition/tuition-options

【終章】

65 https://www.wsj.com/articles/silicon-valley-pay-cuts-ignite-tech-industry-covid-19-tensions-11602435601
66 https://www.asahi.com/articles/ASM6P63B1M6PULFA02V.html

25 https://www.mckinsey.com/featured-insights/artificial-intelligence/global-ai-survey-ai-proves-its-worth-but-few-scale-impact#
26 https://www.nikkei.com/article/DGXZQOGN1505G0V11C20A2000000/
27 https://www.paloaltoinsight.com/2020/12/25/businessinsider-30/
28 https://www.theinformation.com/articles/tech-ceos-are-saying-goodbye-to-san-francisco
29 https://xtech.nikkei.com/atcl/nxt/column/18/01344/101600032/

【第2章】

30 https://digital.hbs.edu/platform-rctom/submission/jp-morgan-coin-a-banks-side-project-spells-disruption-for-the-legal-industry/
31 Friedman_the world is flat.pdf - Harvard Canvas canvas.harvard.edu › files › download
32 https://www.forbes.com/sites/traceywelsonrossman/2020/07/16/coronavirus-accelerates-digital-transformation-in-beauty-industry/?sh=1e022bea2967
33 https://techcrunch.com/2021/01/06/perfect-corp-developer-of-virtual-beauty-app-youcam-makeup-closes-50-million-series-c-led-by-goldman-sachs/
34 https://www.marketingaiinstitute.com/blog/ai-case-studies-content-marketing
35 https://www.marketingaiinstitute.com/blog/ai-case-studies-content-marketing
36 https://www.marketingaiinstitute.com/blog/boost-traffic-with-ai
37 https://www.marketingaiinstitute.com/blog/ai-case-studies-content-marketing
38 https://www.saleswhale.com/customer-stories/terrapinn
39 https://emerj.com/ai-sector-overviews/inventory-management-with-machine-learning/
40 https://www.aitrends.com/ai-in-business/here-are-the-20-best-examples-of-use-of-ai-for-retail-experiences/
41 https://www.businessinsider.com/ai-in-banking-report

【第3章】

42 https://www.rocketblocks.me/blog/what-is-a-prd.php
43 https://docs.google.com/document/d/1mEMDcHmtQ6twzNlpvF-9maNIAcezpWDtCnylqWkODZs/edit#
44 https://www.sec.gov/Archives/edgar/data/1543151/000119312519103850/d647752ds1.htm
45 https://steveblank.com/
46 David L. Rogers "The Digital Transformation Playbook: Rethink Your Business for the Digital Age" (Columbia Business School Publishing,

〈出典註一覧〉

【はじめに】

1 https://www.nikkei.com/article/DGXMZO32164560T20C18A6MM8000/
2 https://www.nikkei.com/article/DGKKZO44101430T20C19A4MM8000/?unlock=1
3 https://www.glassdoor.com/blog/the-best-jobs-in-america-2020/
4 https://seedscientific.com/how-much-data-is-created-every-day/
5 https://techjury.net/blog/gmail-statistics/#gref
6 https://saasscout.com/statistics/gmail-statistics/

【第1章】

7 https://www.jonpeddie.com/press-releases/pandemic-distorts-global-gpu-market-results
8 Marco Iansiti&Karim R. Lakhani "Competing in the Age of AI: Strategy and Leadership When Algorithms and Networks Run the World" (Harvard Business Review Press,2020)
9 https://hbr.org/2020/03/coronavirus-is-widening-the-corporate-digital-divide
10 https://japan.zdnet.com/article/35162676/
11 https://www.forbes.com/sites/cognitiveworld/2020/01/23/ai-adoption-survey-shows-surprising-results/?sh=437150d755e9
12 https://www.gartner.com/en/newsroom/press-releases/2020-04-03-gartner-cfo-surey-reveals-74-percent-of-organizations-to-shift-some-employees-to-remote-work-permanently2
13 https://about.gitlab.com/company/
14 https://about.gitlab.com/resources/downloads/ebook-remote-playbook.pdf
15 https://creatorzine.jp/news/detail/1407
16 https://fortune.com/2021/01/19/hirevue-drops-facial-monitoring-amid-a-i-algorithm-audit/
17 https://xtrend.nikkei.com/atcl/contents/feature/00066/00001/
18 https://www.paloaltoinsight.com/cross_talk/fujikura/
19 https://www.nikkei.com/article/DGXMZO38512250U8A201C1TJ2000/?unlock=1
20 https://www.nikkei.com/article/DGXMZO47133950Z00C19A7MM8000/
21 https://www.glassdoor.com/Salaries/data-scientist-salary-SRCH_KO0,14.htm
22 https://www.nytimes.com/2017/10/22/technology/artificial-intelligence-experts-salaries.html
23 https://www.levels.fyi/company/Facebook/salaries/Data-Scientist/
24 https://www.mckinsey.com/featured-insights/artificial-intelligence/ai-adoption-advances-but-foundational-barriers-remain

本書の執筆にあたり、パロアルトインサイトの辻さん、リビングストンさん、ＡＩプロジェクト推進をお手伝いさせて頂いた企業の東野さん、佐藤さんに取材へ協力して頂きました。ここに厚く御礼申し上げます。

本書は書き下ろしです

石角友愛（いしずみ　ともえ）
パロアルトインサイトCEO／AIビジネスデザイナー
2010年にハーバードビジネススクールでMBAを取得したのち、シリコンバレーのグーグル本社で多数のAI関連プロジェクトをシニアストラテジストとしてリード。その後HRテック・流通系AIベンチャーを経てパロアルトインサイトをシリコンバレーで起業。データサイエンティストのネットワークを構築し、日本企業に対して最新のAI戦略提案からAI開発まで一貫したAI支援を提供。AI人材育成のためのコンテンツ開発なども手がける。2021年4月より順天堂大学大学院客員教授（AI企業戦略）。毎日新聞「石角友愛のシリコンバレー通信」、ITメディア「石角友愛とめぐる、米国リテール最前線」など大手メディアでの寄稿連載を多く持ち、最新のIT業界に関する情報を発信している。
著書に『いまこそ知りたいAIビジネス』（ディスカヴァー・トゥエンティワン）、『才能の見つけ方　天才の育て方』（文藝春秋）など多数。

パロアルトインサイトHP：https://www.paloaltoinsight.com
本に関する質問、お問い合わせなどはこちらまで：info@paloaltoinsight.com

“経験《けいけん》ゼロ”から始《はじ》める　AI時代《じだい》の新《しん》キャリアデザイン

2021年３月19日　初版発行

著者／石角友愛《いしずみともえ》

発行者／青柳昌行

発行／株式会社KADOKAWA
〒102-8177　東京都千代田区富士見2-13-3
電話　0570-002-301(ナビダイヤル)

印刷・製本／大日本印刷株式会社

●お問い合わせ
https://www.kadokawa.co.jp/（「お問い合わせ」へお進みください）
※内容によっては、お答えできない場合があります。
※サポートは日本国内のみとさせていただきます。
※Japanese text only

定価はカバーに表示してあります。

ISBN 978-4-04-110802-4　C0034